# Hermann Weinhauer

# LANDSER IM WELTKRIEG 12

Den Feind im Auge – Deutsche Küstenfliegerstaffeln
im Kampf gegen feindliche Seestreitkräfte

EK-2 Militär

# LANDSER IM WELTKRIEG

Jeder Band dieser Romanreihe erzählt eine fiktionale Geschichte, die vor dem Hintergrund realer Ereignisse und Schlachten im Zweiten Weltkrieg spielt. Im Zentrum der Geschichte steht das Schicksal deutscher Soldaten.

Wir lehnen Krieg und Gewalt ab. Kriege im Allgemeinen und der Zweite Weltkrieg im Besonderen haben unsägliches Leid über Millionen von Menschen gebracht.

Deutsche Soldaten beteiligten sich im Zweiten Weltkrieg an fürchterlichen Verbrechen. Deutsche Soldaten waren aber auch Opfer und Leittragende dieses Konfliktes. Längst nicht jeder ist als glühender Nationalsozialist und Anhänger des Hitler-Regimes in den Kampf gezogen – im Gegenteil hätten Millionen von Deutschen gerne auf die Entbehrungen, den Hunger, die Angst und die seelischen und körperlichen Wunden verzichtet. Sie wünschten sich ein »normales« Leben, einen zivilen Beruf, eine Familie, statt an den Kriegsfronten ums Überleben kämpfen zu müssen. Die Grenzerfahrung des Krieges war für die Erlebnisgeneration epochal und letztlich zog die Mehrheit ihre Motivation aus dem Glauben, durch ihren Einsatz Freunde, Familie und Heimat zu schützen.

Prof. Dr. Sönke Neitzel bescheinigt den deutschen Streitkräften in seinem Buch »Deutsche Krieger« einen bemerkenswerten Zusammenhalt, der bis zum Untergang 1945 weitgehend aufrechterhalten werden konnte. Anhänger des Regimes als auch politisch Indifferente und Gegner der NS-Politik wurden im Kampf zu Schicksalsgemeinschaften zusammengeschweißt.

Genau diese Schicksalsgemeinschaften nimmt »Landser im Weltkrieg« in den Blick.

Bei den Romanen aus dieser Reihe handelt es sich um gut recherchierte Werke der Unterhaltungsliteratur, mit denen wir uns der Lebenswirklichkeit des Landsers an der Front annähern. Auf diese Weise gelingt es uns hoffentlich, die Weltkriegsgeneration besser zu verstehen und aus ihren Fehlern, aber auch aus ihrer Erfahrung zu lernen.

Nun wünschen wir Ihnen viel Lesevergnügen mit dem vorliegenden Werk.

# Ihre Zufriedenheit ist unser Ziel!

Liebe Leser, liebe Leserinnen,

zunächst möchten wir uns herzlich bei Ihnen dafür bedanken, dass Sie dieses Buch erworben haben. Wir sind ein kleines Familienunternehmen aus Duisburg und freuen uns riesig über jeden einzelnen Verkauf!

Unser wichtigstes Anliegen ist es, Ihnen ein angenehmes Leseerlebnis zu bieten.

Damit uns dies gelingt, sind wir sehr an Ihrer Meinung interessiert. Haben Sie Anregungen für uns? Verbesserungsvorschläge? Kritik?

Schreiben Sie uns gerne: info@ek2-publishing.com

Nun wünschen wir Ihnen ein angenehmes Lese-erlebnis!

*Heiko und Jill von EK-2 Militär*

# Den Feind im Auge

Er hatte schlechte Laune, der junge Leutnant Rahmen. Er hatte ausgemacht schlechte Laune und Schmidtchen, der – militärisch gesprochen – Unteroffizier Schmidt III hieß und Rahmens Flugzeugführer war, Schmidtchen ging es keine Spur anders. Die Stimmung im Flugzeug war genauso wie das Wetter draußen – eisig kalt.

Es war immer das alte Lied. Seit zwei Stunden flogen sie wie schon so manchen Tag ihren Aufklärungsstreifen über dem Skagerrak ab. Vom Tommy war wieder einmal keine Spur zu sehen. Ganz abgesehen davon, dass sich englische Überwasserstreitkräfte – Zerstörer, Kreuzer, Schlachtschiffe –schon gar nicht aus den heimatlichen Häfen herauswagten, jedenfalls nicht ohne massive Unterstützung durch begleitende Flugzeugträger.

„Könnte man denn nicht mal ein *Submarine*, eins der verdammten U-Boote erwischen?", ging es Rahmen durch den Kopf, während er weiterhin konzentriert das sich vor ihm ausbreitende Graublau der See beobachtete.

Gewiss, deutsche Küstenflieger und U-Bootjäger der Kriegsmarine hatten in den letzten Wochen manchen Tommy zur Strecke gebracht. Ein paar Boote mochten inzwischen wohl auch auf Heimatkurs gegangen sein. Hier und da unter der Küste trieb aber doch noch dieser und jener Engländer sein Unwesen. Das hatten die Angriffsversuche auf die deutschen Geleitzüge erwiesen.

„Zum Teufel", fluchte der Leutnant, „wieder nichts los in der Geographie! Wo mag der lausige Tommy bloß stecken?"

Schmidt III, der über Kopfhörer jedes Wort des Beobachters laut und deutlich verstand, drehte sich grinsend um und sagte bedächtig, sozusagen mit mahnender Stimme ins Kehlkopfmikrophon: „Was schreiben wir heute nur ins Flugbuch, Herr Leutnant?"

„Schiet an 'n Boom", gab Rahmen verdrossen zurück, „den alten Vers – keine besonderen Beobachtungen."

„Und ich glaub' doch", meinte Schmidt weiter, „dass wir heute noch Jagdglück haben, Herr Leutnant. Erstens ist Sonntag und zweitens – ich hab' ganz einfach das Gefühl."

„Ihre Gefühle", lachte Rahmen, „Frühlingsgefühle, Schmidtchen – Frühlingsgefühle…"

Der Leutnant musste an das Gespräch zurückdenken, das sie im Kameradenkreise vorgestern Abend im Kasino geführt hatten.

„Kommen Sie mir nicht mit leeren Händen nach Haus, meine Herren", hatte der Kommandeur lächelnd gesagt. „Ganz einfach die Mütze des Kommandanten mitbringen – das ist der sicherste Beweis für ein geknacktes U-Boot!"

Er hatte gut reden, der Herr Kommandeur. Was sollte man machen, wenn sich weit und breit kein Feind blicken ließ. Und überdies konnte man selbst mit einem geknackten U-Boot noch Pech haben, von wegen, „zumindest die Mütze des Kommandanten mitbringen…"

Was hatte Oberleutnant Lohsen doch vor wenigen Tagen erst erlebt? Er hatte ein englisches U-Boot im Skagerrak angegriffen, hatte zwei Bomben geworfen, der Tommy wurde getroffen, ging auf Tiefe – nichts blieb übrig als ein riesiger Ölfleck. Kein Wrackstück, gar nicht zu reden von der Mütze des Kommandanten. Und so ein Ölfleck, mochte er sich auch noch so klar und deutlich über der See ausbreiten, war für die hohen Herren der Untersuchungskommission noch lange kein Beweis.

„Das U-Boot könnte ja absichtlich, sozusagen, um Sie irrezuführen, Öl abgeblasen haben, meine Herren!", kam es flugs von den höheren Kommandostäben zurück.

Oberleutnant Lohsen hatte Stein und Bein geflucht über den dämlichen Tommy, der gleich für alle Ewigkeit auf Tiefe gegangen war. Tagelang hatte er die Ölstelle nach Wrackteilen abgesucht – nichts, gar nichts. Nur Öl und immer wieder Öl.

„Wir können nach Ihrem Bericht leider nur mit der wahrscheinlichen Versenkung des Bootes rechnen!"

Das waren die letzten Worte des Kommandanten gewesen.

Die deutschen Untersuchungsstellen nahmen die Versenkungsmeldungen überaus genau. Und wenn das nun auch in manchem Falle recht unbequem sein mochte, so wurden auf diese Art und Weise Phantasieerfolge vermieden.

Und zu dem Beispiel von Oberleutnant Lohsen: Dass U-Boote, vom Angreifer unter Wasser gedrückt, Öl abließen, um damit anzuzeigen „Seht, wir sind getroffen, lasst ab von uns, wir sinken", und sich in Wirklichkeit in Schleichfahrt aus dem Staube machten, war als Trick schon im Weltkrieg bekannt gewesen. Ein erfolgreicher U-Bootkommandant hatte oft genug lachend erzählt: „Meiner U-Boottoilette, durch die wir im gegebenen Augenblick das Öl auspumpten, hat mancher englische Seeoffizier hohe und höchste Orden zu verdanken – für die *erfolgreiche Versenkung* meines Bootes!"

Nun, dieses hatte Leutnant Rahmen sich ein für allemal geschworen: Sollte er je ein U-Boot erwischen, ohne die Mütze des Kommandanten würde er nicht nach Hause fliegen.

Fast zwei Stunden war die *Fliege*, wie die jungen Flieger ihr kleines, schnelles Seeflugzeug vom Typ Arado 196 nannten, an diesem Morgen unterwegs. Früh um drei hatten sie den Startbefehl bekommen. Jetzt ging die Uhr auf fünf.

Dämmeriges, fahles Licht spielte über das Wasser des Skagerraks. Sie schrieben Mai. Es war die Zeit der hellen Nächte. Eigentlich eine Zeit, die dem Tommy das Leben besonders schwer machte. Schließlich musste ein U-Boot hin und wieder einmal auftauchen. Es musste die Batterien für die Unterwasserfahrt nachladen, es musste die Räume durchlüften. Selbstverständlich tauchte man vor allem nachts im Schutze der Dunkelheit auf. Aber hier im Norden war es ein unsicheres, ja ein gefährliches Unternehmen. Es wurde nicht richtig dunkel. Nur eine fahle, dumpfe Dämmerung. Nichts von Finsternis, nichts von schwarzer Nacht. Man konnte ganz getrost um Mitternacht unter freiem Himmel Zeitung lesen.

Keine Frage, dass die Engländer unter diesen Umständen ganz besonders auf der Hut sein mussten, denn die deutschen Flieger waren da. Tags, nachts, zu jeder Stunde. Ihren Augen konnte nichts entgehen. Das war ihre Aufgabe – zu spähen und zu spüren – den Feind und seine Absichten zu erkunden. Man nannte sie nicht umsonst die *Jäger der Meere*.

Sie flogen auf Nordost-Kurs. In blauer Ferne, weit voraus, hob sich die steile Küste Norwegens aus dem Wasser. Im Osten war ein schmaler heller Streifen auszumachen – Schweden. Nach Westen nichts als Himmel und Wasser bis ins Endlose. Reingefegt lag die Kimm. Keine Spur von Seegang, kaum dass eine leichte Brise das Wasser von Westen her ein wenig aufraute. In großer Höhe kamen ein paar faserige Schönwetterwolken daher gesegelt. Es würde ein guter Tag werden.

Vor einer Stunde war ein Geleit vorübergezogen. Ein großer Transporter, umschwärmt von kleinen wendigen Booten, die im Zickzack-Kurs die U-Bootssicherung fuhren. Die *Feldgrauen* – für den Norden bestimmt – hatten es sich an Deck mit Schwimmwesten und Rettungsgürteln anscheinend recht bequem gemacht.

Es mochte für die meisten wohl die erste Seefahrt ihres Lebens sein.

Schmidtchen hatte über dem Transporter ein paar Ehrenrunden geflogen und in seiner trockenen Hamburger Art gemeint: „Gut, dass heute keine Löcher im Teppich sind, sonst würde manchem dort unten das Essen aus'm Gesicht fallen!"

Im April stand hier oben an der Wetterecke oft genug eine hohe See. Der Nordwester nutzte die freie Bahn, die Lücke zwischen Dänemark und Norwegen, und kühlte sein Mütchen am Skagerrak. Doch im Mai wurden die Tage ruhiger. Der Sommer fing an.

„Na, was ist mit Ihren Gefühlen, Schmidtchen?", fragte der junge Leutnant nach einer Weile.

Sie hielten scharf auf die norwegische Küste zu. Vielleicht lauerte hier im Hinterhalt ein Tommy auf den deutschen Geleitzug am Eingang des Oslo Fjordes oder vor der Hafeneinfahrt nach Narvik.

Schmidt erklärte, es wäre noch nicht so weit.

„Wir müssen abwarten."

Rahmen lachte und sagte, es würde wohl Zeit, dass Schmidt mal auf Urlaub ginge – die Nerven.

Es mochte eine Viertelstunde, aber vielleicht auch eine halbe Stunde vergangen sein. Die *Fliege* flog jedenfalls gerade den Küstenstrich vor dem Oslo Fjord ab – da hatte Schmidt es plötzlich mit seinen Gefühlen.

„Herr Leutnant!", schrie er. „Hart Steuerbord, Herr Leutnant!"

Schon legte er die *Fliege* auf die rechte Fläche und stürzte auf das Wasser hinunter. Rahmen traute seinen Augen nicht. Ein Tommy? Sollte das wirklich ein Tommy sein? Es schien kaum ein Zweifel möglich. Hart Steuerbord war ganz deutlich die Silhouette eines U-Bootes zu sehen, das über Wasser auf die norwegische Küste zuhielt.

„Maschinengewehr klar! Bomben klar!", meldete Schmidt.

Nun hatte sie das Jagdfieber gepackt. Endlich ein Tommy!

Mit Vollgas jagte die *Fliege* nun auf ihre Beute zu. Der BMW 132 K Sternmotor donnerte. Schon rückte das Ziel näher – das englische U-Boot.

Da brüllte der Leutnant mit einem Mal in den Motorenlärm hinein: „Himmel, Arsch und Wolkenbruch!"

Schmidtchen saß zerknittert da und wagte es kaum, sich umzudrehen. Blinder Alarm. Ein Felsvorsprung. Eine kleine vorwitzige Klippe hatte sie genarrt!

Die alte Geschichte. Schon mancher Flieger hatte sich hier an der norwegischen Küste täuschen lassen. Die flachen, schwarzen Klippen, die in der Mitte einen Höcker trugen, der sich wie ein U-Bootsturm von der Oberfläche abhob. Und dann das Kielwasser! Das machte es in erster Linie, dass man an ein U-Boot dachte. Durch die Strömung hervorgerufen, stand ein richtiges, schäumendes Kielwasser hinter den Felsvorsprüngen.

„Aber die Ähnlichkeit müssen Sie doch schon zugeben, Herr Leutnant", meinte Unteroffizier Schmidt nach einer Pause etwas kleinlaut.

Rahmen klopfte ihm auf die Schulter.

„Sie hatten halt so ein Gefühl, Schmidtchen. Was soll man da machen?"

Und Schmidt, wieder obenauf, setzte unversehens hinzu: „Die Nerven, Herr Leutnant!"

Die jungen Flieger der Küstenfliegergruppe ahnten zu diesem Zeitpunkt noch nicht, was ihnen in naher Zukunft noch bevorstehen würde und was ihnen dies alles abverlangen würde. Ein Ereignis, das in die Geschichte des Seekrieges eingehen sollte – ein einmaliges Husarenstück, unvergessen für alle Zeiten, warf seine Schatten voraus.

Es geschah gut eine Stunde später, als die *Fliege* bereits den Rückflug in den Heimathorst angetreten hatte. Sie waren verdrossen – der Leutnant und sein Unteroffizier. Sie waren schlechter Laune. Nichts hatte sich ereignet, gar nichts. Ein Flug ohne Zwischenfälle – wieder einmal. Ja, sie brachten nicht einmal irgendeine Beobachtung mit nach Hause, keine Meldung von Wichtigkeit. Sie schimpften, sie fluchten. Die ganze Fliegerei mochte der Teufel holen!

Da entdeckte der Leutnant querab, unweit der schwedischen Hoheitsgewässer, einen dunklen Punkt auf dem Wasser. Nichts weiter. Querab ein dunkler Punkt, unauffällig, unscheinbar.

„Sollte das", sagte Rahmen und hob das Glas an die Augen, „sollte – das – ein – Unterseeboot sein, Schmidtchen?"

Schmidt war vorsichtig geworden. Nein, Schmidt zuckte die Achseln.

„Möchte mich dazu nicht äußern, Herr Leutnant. Das heißt, mein Gefühl hat mich heute schon einmal genarrt."

Rahmen ließ ihn nicht ausreden.

„Mit Vollgas ran!", befahl der Leutnant unmissverständlich.

Und nun folgte eine Minute voller Spannung. Rahmen schmerzten die Augen, so unentwegt starrte er auf den dunklen Punkt, der langsam näher rückte und größer wurde.

„Wenn mein Gefühl nun doch…", fing Schmidtchen wieder an.

Aber der Leutnant hatte nun keine Zeit mehr für Gefühle. U-Boot oder nicht, das war die brennende Frage, die alles entschied. Zweifellos schwabbelte dort unten auf dem Wasser ein Schiff herum, aber sollte es sich gerade um ein U-Boot handeln, ein feindliches U-Boot?

„Auf fünfzig Meter herunter!", donnerte die Stimme von Rahmen mit kalter Entschlossenheit.

Und eine knappe Minute später hatten sie Klarheit. Es war tatsächlich ein feindliches Unterseeboot. Ein langer, grauer Stahlfisch, in der Mitte der breite Turm, am Bug die Netzsäge, auf der Back das schwenkbare Geschütz. Nein, hier gab es keine Täuschung. Nichts von Felsvorsprüngen und schwarzen Klippen. Ein U-Boot, ein ausgewachsenes, englisches U-Boot.

„Schauen Sie sich das an, wie der Tommy zu zucken anfängt! Jetzt ein Stück auf Steuerbordbug, jetzt hart Backbord. Einen glitzernden grünen Schaumstreifen zieht es hinter sich her", meinte der junge Leutnant und hielt unentwegt das schwere Zeiss-Glas vor seine Augen.

In seinem Kopf arbeitete es. Leutnant Rahmen hatte nun alles blitzschnell überlegt. Funkspruch an die Küstenstation, das ist das erste.

„In Quadrat X feindliches U-Boot. Beordert zur Aufbringung sofort U-Boot-Jäger der Kriegsmarine sowie zweites Flugzeug zur Sicherung!", gab er zur Gegenstelle durch.

Schon zog die *Fliege* eine elegante Kurve über der Beute. Da lag es in seiner ganzen Länge unter ihnen, tatsächlich und ohne den geringsten Zweifel ein englisches Unterseeboot – ein waschechter Tommy!

„Zum Bombenangriff auf Höhe!"

Der Leutnant dachte sehr wohl an die Mütze des Kommandanten. Nein, er wollte den Tommy nicht mit Mann und Maus versenken. Er hatte seine Pläne – große, verwegene Pläne. Diese Gelegenheit ergab sich nur einmal im Leben.

„Heck anfliegen!", erklang wieder der eisig kalte Befehl aus dem Mund des Offiziers.

Leutnant Rahmen hatte den Entschluss gefasst, dem Briten zuerst einen der Sprengkörper aufs Heck zu werfen – zur Drohung sozusagen.

Es war schon beeindruckend, wie die Arado 196 sich hinunterstürzte! Der Leutnant blickte starr in die Tiefe. Jetzt hatte er das Heck im Visier und es ging los!

Unteroffizier Schmidt spürte am Steuerknüppel, wie die Maschine leichter im Ruder wurde. Befreit vom zusätzlichen Gewicht der Bombe, wollte sie einen Satz nach oben machen. Der Flugzeugführer steuerte jedoch sofort dagegen.

Kurz nachdem sie das feindliche Unterseeboot überflogen hatten, rumste es hinter ihnen.

Urplötzlich verwandelte sich die spiegelglatte Oberfläche in einen schäumenden, spritzenden Wasserberg. Der Teufel war los. Es sprudelte, es zischte, es wogte in der Tiefe. Jedoch hatte die Bombe zu kurz gesessen, ein wenig zu kurz, eben vor dem Heck des Bootes. Nur wenige Meter hatte der Sprengkörper sein Ziel verfehlt.

„Neuer Angriff!", durchschnitt die Stimme des Leutnants die Gedanken von Unteroffizier Schmidt.

Es dauerte kaum eine Minute, da hatte die *Fliege* wieder Höhe gewonnen und brauste mit heulendem Motor drohend heran.

Plötzlich zogen Leuchtspurfäden in die Höhe und knapp an der Ar 196 vorbei.

„Verdammt", murmelte Rahmen und duckte sich zusammen.

Der Tommy wehrte sich. Weitere MG-Garben knatterten vom Turm des englischen U-Bootes in die Höhe. Kaum zu hören im Donner des Neunzylinder Sternmotors, aber umso deutlicher zu sehen. Die Gegner feuerten mit Leuchtspurmunition, um ihre Schüsse besser verfolgen und gegebenenfalls korrigieren zu können!

Schmidt jedoch war eiskalt vor Ruhe. Er nahm die Gefahr wahr, doch längst schon hatte ihn das Jagdfieber gepackt. Er sah nur noch sein Ziel – das Heck des Unterseebootes.

Nun drückte er den Knüppel nach vorn. Gierig wie ein Habicht stürzte sich die *Fliege* wieder in die Tiefe. Die 960 Pferdestärken des BMW Motors zogen den Seeaufklärer immer schneller in die Tiefe.

Rums.

„Bombe II ist gefallen!"

„Die hat gesessen", brüllte Schmidt in die Detonation hinein.

Er hatte wieder am Steuerknüppel gemerkt, dass seine Maschine leichter wurde.

Schnell zog die *Fliege* in einer steilen Rechtskurve über das U-Boot hinweg, um die Wirkung des Wurfes zu erkunden.

Bei Gott, die Bombe hatte gesessen. Das Heck des Bootes war aufgerissen und sackte langsam weg. Aber der Tommy schien damit keineswegs genug zu haben. Immer noch zischte MG-Feuer aus dem Turm zum deutschen Aufklärer nach oben.

„Auf ihn mit Gebrüll!", schrie nun Rahmen gegen den Lärm des aufheulenden Motors. Er jagte, während die *Fliege* nun in einem möglichst engen Kreis wieder auf das U-Boot zuhielt, einen wilden Feuerstrahl aus seinem Maschinengewehr.

Tack-tack-tack – tack-tack-tack…

„Oh, das wirkt", dachte sich Schmidt, der die Wirkung des Beschusses beobachten konnte.

Nicht nur, dass die Tommies dort unten auf dem Turm den schwarzen Vogel mit heulendem Motor auf sich zustürzen sahen, nein, die Einschläge. Hier sagte es *klack*, da sagte es *klack*, kreisrunde Löcher auf Oberdeck und in der Turmwand. Löcher, durch die ein ausgewachsener Seemann getrost seinen Arm stecken konnte.

Nein, jetzt handelte es sich nur noch um Sekunden und der letzte Tommy hatte den Turm verlassen. Jetzt konnten sie springen. Noch ein paar Köpfe am Niedergang – schon zog der letzte das Turmluk hinter sich zu.

„Prost Mahlzeit", sagte der Leutnant grinsend, holte tief Luft und wunderte sich erst mal eine Sekunde lang über das riesige englische Boot, das nun scheinbar bewegungslos unter ihnen auf dem Wasser dümpelte. Rahmen kannte die großen deutschen Boote, aber dieser Tommy schien mehr als die doppelte Größe zu haben.

Schmidt III kam endlich dazu, sich den Schweiß von der Stirn zu wischen.

„Gott sei gelobt und gepfiffen – waren das aufregende Minuten. Hab ich's nicht gesagt, mein Gefühl, Herr Leutnant?"

Rahmen hatte nun nichts mehr gegen die Gefühle seines Flugzeugführers. Er reichte ihm lachend die Hand nach vorn.

„Sie sind ein richtiger Prachtkerl – Schmidtchen!"

Und Schmidt, während er immer noch über dem U-Boot kurvte, Schmidt nickte fröhlich zurück und sagte mahnend: „Nun holen wir uns aber die Mütze des Kommandanten!"

Daran hatte der Leutnant schon lange gedacht. Was konnte der Tommy jetzt unternehmen? Tauchen? Nach dem Bombentreffer kaum. Das Heck lag unter Wasser, zudem machte sich allmählich eine starke Schlagseite nach Backbord bemerkbar. Wenn nur das zweite Flugzeug erst käme und der U-Boot-Jäger der Kriegsmarine!

Da hatte Rahmen einen Gedanken.

„Um den Turm kurven!"

Er würde den Turm mal ein bisschen mit seinem MG beharken. Vielleicht meldeten sich dann die Herren.

Tack-tack-tack…

Pause.

Tack-tack-tack…

Schon klafften ein paar neue kreisrunde Löcher an der Vorderkante des Turmes.

Noch einmal – Tack-tack-tack…

Pause.

Tack-tack-tack…

Da ereignete sich das Unglaubliche. Das Turmluk öffnete sich. Das heißt, zunächst wurde es von innen nur ein wenig angehoben. Ein bärtiges Gesicht erschien, ein Tommy blickte vorsichtig erst nach rechts, nach links und dann in die Höhe. Da nichts weiter geschah, warf er das Luk blitzschnell zurück, sprang heraus und schwenkte in der gleichen Sekunde mit beiden Händen ein weißes Kleidungsstück über seinem Kopf hin und her. Es war ein Bettlaken, vielleicht auch ein Hemdfetzen.

„Heiliges Kanonenrohr!"

Der Leutnant war starr vor Staunen. Wenn er alles erwartet hatte, aber dieses nicht, dieses niemals.

Schmidt warf aufgeregt die Hände in die Höhe und jubelte. Er brüllte ein über das andere Mal: „Kapitulation! Die geben auf! Die geben tatsächlich auf!"

Aber noch war Vorsicht geboten. Könnte es sich nicht auch um ein ausgefuchstes Täuschungsmanöver handeln?

Da in diesem Augenblick das zweite Flugzeug ein paar hundert Meter querab in Sicht kam, befahl Rahmen: „Landen! Wollen mal sehen, was die Tommies dort unten sich so vorstellen!"

Man stelle sich nur dieses ungewöhnliche Bild vor. Da schwamm in frühester Morgenstunde ein englisches U-Boot auf dem Wasser, ein riesiger Stahlfisch, gigantisch in seinen Ausmaßen. Oben auf der Brücke stand ein Tommy und schwenkte die weiße Flagge, schwenkte unentwegt die weiße Flagge. Und hinter ihm drängte jetzt ein Besatzungsmitglied nach dem anderen aus dem Turmluk heraus ans Tageslicht. Und vielleicht zwanzig bis dreißig Meter neben dem waidwunden Engländer landete nun ein kleines deutsches Seeflugzeug, die *Fliege* mit Leutnant Rahmen und Schmidt III an Bord. Und diese beiden hielten das ganze riesige U-Boot in Schach!

Zwei Seeflieger einer deutschen Küstenfliegerstaffel! Wenn es nicht wahrhaftig an einem Sonntag im Monat Mai des Kriegsjahres 1940 passiert wäre – man möchte es für Seemannslatein, für eine Münchhausengeschichte halten!

Zunächst also schwamm die *Fliege* in gebührlicher, sicherer Entfernung von dreißig Metern um das englische Boot einmal im Kreis herum. Der Leutnant war vorsichtig. Ja, er ging sogar so weit, den winkenden Männern auf dem Turm vorsichtshalber noch eine kurze Salve vor die Nase zu setzen. Zur Warnung!

Schmidt III machte große Augen, als er jetzt die ganze Länge des Bootes übersah. So etwas hatte er denn doch noch nicht erlebt.

„Donner und Doria, das ist ja mal eine fette Beute, Herr Leutnant!"

Nachdenklich sagte Rahmen: „Ist nun nur die Frage, wie wir das Prachtstück nach Hause kriegen. Wäre doch 'n Ding, Schmidtchen, wenn wir da ein ausgewachsenes englisches U-Boot mit Mann und Maus angeschleppt brächten. Dann können wir uns bestimmt auch die Mütze des Kommandanten schenken!"

Darüber machte Schmidt III sich nun allerdings zunächst noch keine Gedanken.

Er setzte vielmehr ein feierliches Gesicht auf und sagte, dieses hier wäre seine größte Stunde…

Nein, der Leutnant schüttelte energisch den Kopf. Nichts von Feierlichkeit.

Zunächst dann doch sicherheitshalber die Mütze des Kommandanten. Ein Beutestück, das ist wichtig. Sicher ist sicher. Wären die Tommies nicht imstande, in der nächsten Minute auszusteigen und ihr Boot hinter sich zu versenken? Derartiges war aus dem Weltkrieg zur Genüge bekannt.

Jetzt, wo sie in aller Ruhe an dem Boot entlang schwammen, waren auch die Kennzeichen deutlich auszumachen. *M 37* stand in weißen Ziffern unter der Oberkante des Turmes und *Whale*, der Name des Bootes darunter, *Wal* auf Deutsch.

Da hatte der Leutnant einen Gedanken, einen guten Gedanken, den besten, den kühnsten Gedanken seines noch jungen Lebens.

„Drück die Daumen, Schmidtchen", sagte er, richtete sich in seinem Sitz auf, legte die Hände als Schalltrichter an den Mund und brüllte folgendes zu den Engländern hinüber: „Hello, hello, I wish your commander to swim to my aeroplane – immediately!" (Der Kommandant möge unverzüglich zu meinem Flugzeug schwimmen!)

Ratloses Schweigen auf dem Turm. Betretene Gesichter. Nach ein, zwei Minuten kamen Zeichen: Sie hätten nicht verstanden.

Schmidt ließ die *Fliege* etwas dichter an das Boot heranrollen, auf fünfundzwanzig Meter etwa, dann setzte Rahmen noch einmal an: „Hello, hello – I wish your commander to swim to my aeroplane – make haste!"

Pause.

„Herr Leutnant, wenn das gelingt", sagte Schmidt leise, „das Gesicht unseres Kommandeurs zu Hause möchte ich sehen!"

Rahmen hielt das Maschinengewehr auf den Turm gerichtet. Sie hatten jetzt verstanden, drüben auf dem

Boot, ohne Zweifel. Sie standen dicht zusammen, vier, fünf Mann. Sie berieten.

Eine Minute verstrich. Eine lange Minute.

Da sagte Rahmen: „Verfluchte Tommies. Die hohen Herren sollen sich gefälligst beeilen!"

Und zum Zeichen, dass es ihm, Leutnant Rahmen, bitterernst mit seiner Aufforderung war, setzte er dem Unterseeboot, zur Ermunterung sozusagen, erneut ein paar leuchtende Schüsse vor den Turm.

Tack-tack-tack…

Doch wieder passierte nichts da drüben. Die Herren berieten noch immer.

Gerade wollte der Leutnant eine zweite MG-Garbe hinüberjagen, als ein schlanker, großer Mann, der eine strahlend weiße Mütze trug, auf den Turmrand stieg.

„Der Kommandant!", jubelte Schmidt.

Rahmen war Offizier, jawohl, und ein Offizier handelte in jeder Lage kalt und nüchtern. Aber Rahmen war jung, blutjung und er fragte sich jetzt eine Sekunde lang, ob da drüben wirklich und wahrhaftig ein englisches U-Boot lag und ob da in diesem Augenblick wirklich und wahrhaftig der englische Kommandant auf dem Turmrand stand, die Schwimmweste umgelegt und bereit, zu ihm herüberzuschwimmen. Ja, der Leutnant fragte sich, ob er nicht vielleicht doch nur in einem Film der Wochenschau saß oder in einem dieser amerikanischen Sensationsfilme.

Doch schon sprang der große, schlanke Mann drüben mit einem flachen Kopfsprung ins graugrüne, kalte Wasser!

Und nun schlug sich Rahmen vor Begeisterung auf die Schenkel. Kein Traum, kein Film, nackte Wahrheit. Jetzt würde er bei Gott nicht nur die Mütze des Kommandanten mit nach Hause bringen, sondern den

Kommandanten persönlich! Ein unwiderlegbarer Beweis.

Rahmen war sich im Klaren darüber, dass er am Anfang nicht im Entferntesten geglaubt hatte, die Engländer würden seiner Aufforderung nachkommen. Keine Frage, es war ein Versuch, ein kühner Versuch. Ein kleines Seeflugzeug, nur schwer manövrierfähig auf dem Wasser, fast wehrlos – dagegen ein großes U-Boot mit Geschütz und Maschinengewehren.

Nein, Rahmen wüsste schon, was er täte, wenn er jetzt im Turm des U-Bootes stände.

„Gratuliere, Herr Leutnant", sagte Schmidt und strahlte über sein ganzes breites Jungensgesicht. „Ich stell' mir schon die ganze Zeit vor, was der Kommandeur wohl für Augen macht, wenn wir zu Hause plötzlich einen echten englischen U-Boot-Kommandanten ausladen!"

Rahmen reichte seinem Flugzeugführer heute zum zweiten Mal die Hand nach vorn.

„Wirklich unser größter Tag, Schmidtchen. Endlich Jagdglück!"

Drüben auf der Brücke des U-Bootes drängte sich jetzt die halbe Besatzung, um den nassen Weg ihres Kommandanten zu verfolgen. Sie standen auf der Brücke, die Tommies, einer neben dem andern. An Deck traute sich keiner. Die *Fliege* hatte ein Maschinengewehr und die *Fliege* hatte einen Leutnant, der verdammt gut damit umgehen konnte und wusste, wohin er schießen musste. Darüber hinaus zog in hundert Meter Höhe ein zweites deutsches Flugzeug seine Kreise, während an der Kimm bereits Masten und Aufbauten eines U-Boot-Jägers auszumachen waren.

Da tauchte zehn Meter vor der *Fliege* eine weiße Mütze auf, darunter ein schmales, bleiches Gesicht –

der Kommandant persönlich. Er prustete, er schnaufte, ja, es hatte den Anschein, dass es mit seiner Kraft so gut wie zu Ende war. Nur die Schwimmweste trug ihn noch.

„Herzlich willkommen!", rief der Leutnant übers Wasser, stieg auf den Schwimmer hinunter und hielt dem Tommy eine englische Zigarette entgegen.

„Damned cold water!", murmelte der Kommandant, zog sich mit letzter Kraft auf den Schwimmer herauf und schüttelte sich vor Kälte.

„Haben sich eine ungünstige Tageszeit ausgesucht, Sir", sagte Rahmen lächelnd. „Zigarette, bitte? – Feuer?"

Der Engländer war angenehm überrascht.

„Oh, thank you!"

Und ganz außer Atem hatte er schon die Zigarette zwischen den nassen Lippen.

„Oh, thank you, Sir!"

Rahmen nannte mit einer knappen Verbeugung seinen Namen.

Der Engländer stellte sich als George Owen, Kommandant des U-Bootes *Whale* vor.

Ohne Zögern reichte der Leutnant dem Tommy eine Wolldecke, reichte ihm seine Fliegerkappe, reichte ihm seine dicken Lederhandschuhe.

„Da ich keinen Kognak an Bord habe, Mister Owen…"

„Oh", sagte der Engländer, verwundert über eine so kameradschaftliche Behandlung.

„I am very much obliged… oh…"

Dann – der Kommandant musste sich mit der Hälfte des hinteren Sitzes bequemen – entspann sich zwischen Leutnant Rahmen und dem Engländer, halb deutsch, halb englisch, folgendes Gespräch.

„Sie sind mein Gefangener, Mister Owen!", sagte Rahmen.

Bleich und zusammengesunken saß der Tommy da.

„Ich verstehe, Sir", antwortete er müde. „Was wird mit meiner Mannschaft? Ein paar Mann sind verletzt."

„Keine Sorge, Mister Owen, wenn die Besatzung keine Dummheiten macht, wird jeder Mann gerettet. Ein deutsches Kriegsschiff ist schon auf dem Wege!"

Der Engländer, die Augen zu Boden gerichtet, nickte.

Pause.

Dann fragte Rahmen plötzlich: „Was hatten Sie vor, Mister Owen?"

„Hatte gehofft, noch zu entwischen", sagte der Kommandant zögernd. „Wir sind heute Nacht bei Unterwasserfahrt achtern auf eine Mine gelaufen. Das Boot ist sofort weggesackt – auf Grund. Wir haben alles Mögliche versucht – umsonst – bis wir zuletzt den Treibstoff abließen... Da sind wir hochgekommen. Unsere Maschine ist unklar, aber wir machten noch gut acht Meilen Fahrt auf die Küste zu – da kam Ihre Bombe."

Der Engländer sah zu seinem Boot hinüber. Das Achterschiff lag jetzt fast bis zum Turm unter Wasser. Auf der Brücke standen immer noch ein paar Männer – ratlos. Sie blickten auf die *Fliege*, sie blickten auf das zweite deutsche Flugzeug, das in der Höhe seine Kreise zog. Sie wussten nicht, was sie machen sollten. Ihr Kommandant war von Bord, sie mussten abwarten.

„Weshalb haben Sie geschossen?", fragte Rahmen weiter.

„Ich wollte Sie vertreiben. Ich wollte Sie auf jeden Fall vertreiben!"

Rahmen lachte.

„Damit war ich nicht einverstanden, Sir!"

Der Engländer nickte traurig und sah wieder zu seinem Boot hinüber.

Wie mochte ihm zumute sein – in Gefangenschaft. Er, sein Boot, seine Männer...

„Pech gehabt, verdammtes Pech, Sir. Erst die Mine, dann die Bombe – und außerdem", setzte er nach einer kleinen Pause fort, „habe ich ausgerechnet heute Geburtstag – fünfunddreißig…"

„Oh", sagte Rahmen und schüttelte seinem Gefangenen kräftig die Hand. „I am sorry, aber – das ist der Krieg. Ich gratuliere Ihnen trotzdem, Sir."

Der Engländer dankte und wartete, sozusagen zum Abschluss des Gesprächs, mit einer weiteren Überraschung auf.

„Ob Sie es glauben oder nicht, ich sitze zum ersten Mal in meinem Leben in einem Flugzeug!"

Rahmen schaute den Engländer nachdenklich an. Was soll man in diesem Moment dazu sagen? Ein tragisches Geschick. Da machte ein englischer U-Boot-Kommandant den ersten Flug seines Lebens – in einer deutschen Maschine – als Gefangener.

Rahmen war Offizier. Er verstand die Lage des Engländers. Sein Boot verloren, seine Männer verloren. Owen war einer von den Engländern, die auch den Krieg bereits verloren hatten. Rahmen verstand und schwieg.

Aber als sie – ihre triumphale Fracht an Bord – auf Heimatkurs noch einmal mit Vollgas über das englische Boot hinwegbrausten, fühlte Rahmen sich unbändig jung und stolz und glücklich.

Und er sagte leise ins Kehlkopfmikrophon: „Schmidtchen, unser U-Boot!"

Und Schmidt III, jung, stolz und glücklich wie sein Leutnant, gab zurück: „Herr Leutnant, wenn ich nicht das Gefühl gehabt hätte."

*

Zum gleichen Zeitpunkt, als die *Fliege* auf hoher See zum Rückflug in den Heimathorst startete, legte von dem U-Boot-Jäger *Landgard*, der mittlerweile bis auf eine halbe Seemeile herangekommen war, der Motorkutter mit dem Prisenkommando ab. Leutnant zur See Brandt, Obermaat Horn und die Matrosen Möller und Weber waren die Männer, die als erste deutsche Seeleute die Planken des englischen U-Bootes betreten sollten.

Fürwahr keine geringe Aufgabe und es gehörte Mut und Umsicht dazu.

Nicht umsonst hatte der junge Leutnant Brandt seinem Kommandanten gegenüber geäußert: „Wenn die Tommies nur nicht im letzten Augenblick das Boot versenken, Herr Kapitänleutnant!"

Und der Kommandant, der im Weltkrieg selbst erster Wachoffizier auf einem U-Boot gewesen war, hatte seinem Leutnant auf die Schulter geklopft: „Nicht vorauszusehen, Brandt. Wollen hoffen, dass Sie noch zur rechten Zeit kommen und das Boot für uns retten. Unter uns gesagt, einem deutschen U-Boot dürfte das unter gar keinen Umständen passieren – dem Feind würde nicht ein Nagel in die Hände fallen!"

Ja, der Leutnant stand vor einer abenteuerlichen Aufgabe. Aber er war jung und voller Tatendrang. Und wenn die Seeflieger kurzerhand den englischen Kommandanten gefangen nahmen, so würde er alles daran setzen, das englische Unterseeboot in Sicherheit zu bringen. Nicht zuletzt hatte er Männer an seiner Seite, auf die er sich verlassen konnte. Da war der Obermaat Horn, ein alter U-Boot-Fahrer aus dem Weltkrieg, in Friedenszeiten Steuermann auf dem Fischdampfer *Landgard,* und die Matrosen Möller und Weber, alte, erfahrene Fischdampferjantjes, die seit zehn Jahren zum Fang nach Island fuhren. Brandt kannte sie als ein paar richtige Haudegen seiner Wache. Fischerleute, die das Herz auf dem rechten Fleck trugen.

Ja, der U-Boot-Jäger *Landgard*! Es handelte sich nicht um ein modernes, schnelles Kriegsfahrzeug. Ein Fischdampfer war die *Landgard,* ein biederer Fischdampfer, der noch im letzten Sommer zum Heringsfang ins Weiße Meer gefahren war. Ein Fischdampfer, der jetzt in diesen kriegerischen Tagen als Vorpostenboot, als Minensucher und auch als U-Boot-Jäger seine Pflicht tat. Und die Männer an Bord waren – bis auf den Kommandanten und den Wachoffizier – von der Stammbesatzung. Fischer von der Wasserkante. Aus Hamburg, aus der Bremer Gegend, von Emden und Cuxhaven. Sturmerprobte Haudegen, die einiges gewohnt waren.

Und sie hatten dies und das hinter sich, die Männer von der *Landgard.* Anstrengende Wochen in der Nordsee. Vorpostendienst in Kälte und Sturm. Dann, als der Krieg im Norden begann, Geleitzugsicherung im Skagerrak. Bange Tage mit der Verantwortung für tausende von *Feldgrauen,* mit der Verantwortung für Waffen, Munition und Baumaterial. Oh ja, sie hatten aufgeatmet, als alles klargegangen war.

Nun sollte die *Landgard* endlich für einige Wochen in die Werft. Und die Männer sollten auf Urlaub nach Hause fahren. Heute, spätestens morgen.

Da kam der Funkspruch: „Feindliches U-Boot in Quadrat X."

Aber nicht, dass sie den Seefliegern böse wären, im Gegenteil. Jeder einzelne hatte sich für das Prisenkommando gemeldet. Zählte das nicht seit je zu ihren geheimen Wünschen – einmal einem Tommy von Angesicht zu Angesicht gegenüberzustehen?

Der Kutter hatte abgelegt. Nun stand der große Augenblick bevor. Stumm saßen sie da – Leutnant Brandt, Obermaat Horn, Möller und Weber.

So oder so – es war eine Fahrt ins Ungewisse. Wenn alles gut ging, würden sie in wenigen Minuten mit vorgestreckten Pistolen dort drüben an Deck springen und die Reichskriegsflagge setzen.

„Fehlt nur, dass der Pott uns vor der Nase absäuft", sagte Brandt ungeduldig und wies auf die bedenkliche Schlagseite an Backbord hin.

Obermaat Horn zog heftig an seiner Pfeife.

„Ich spring vor Wut in 'n' Bach!"

Möller, groß, kantig, mit vom Wetter gegerbtem Gesicht setzte bedächtig hinzu: „Dat loten Se man good sin, Herr Leutnant, de hebbt veel to veel Angst in 'ne Büx!"

Weber, der stille Holsteiner, schüttelte nur immer wieder staunend den grauen Kopf: „Dat sowat ünner Woter swemmt!"

Auf dem U-Boot war inzwischen ein Teil der Besatzung, die Schwimmwesten umgelegt, an Deck angetreten. Vierzig, fünfzig Mann zählte Leutnant Brandt. Aber konnte man diese verwegenen Gestalten überhaupt Soldaten nennen? Nicht nur, dass kein einziger Tommy eine Uniform trug, nein, keine blauen Mützen, keine Lederpäckchen, wie die deutschen Marinesoldaten sie von ihren eigenen U-Bootmännern kannten. Ein paar Mann in dicken, grauen Sweatern, andere in Zivilanzügen. Vorgesetzte, Offiziere und Unteroffiziere waren zunächst überhaupt nicht auszumachen, es sei denn, dass sie hier und da eine blaue Schirmmütze von Matrosen und Heizern unterschied.

Die Aufgaben waren verteilt. Horn sollte den Turm besetzen, Möller und Weber die Mannschaft mit dem Motorkutter schnellstens von Bord schaffen. Der Leutnant würde sofort in die Zentrale hinuntersteigen, um die Versenkung des Bootes zu verhindern.

„Gott mit uns!", murmelte Brandt und enterte als erster über Steuerbord an Deck des englischen U-Bootes. Ein Moment der Entscheidung und schneidenden Spannung.

Da trat ein kleiner, rothaariger Mann vor, den ein schmaler Goldstreifen am Mützenschirm als Offizier kenntlich machte. Er sei der Stellvertreter des Kommandanten, der Erste Offizier! Smith, Marc Smith!

Der Leutnant legte die Hand an die Mütze und sagte mit klingender Stimme: „Mister Smith, Sie, alle Offiziere, Unteroffiziere und Mannschaften sind unsere Gefangenen. Sie haben das Boot sofort zu übergeben. Falls Sie versuchen, das Boot in letzter Minute zu versenken, so werden wir von unseren Waffen Gebrauch machen und Sie und Ihre Männer gehen mit Ihrem Boot in die Tiefe!"

Pause.

Der Rothaarige blickte schweigend und betreten zu Boden.

Dann setzte Brandt mit schneidender Schärfe hinzu: „Ich gehe davon aus, dass wir uns verstanden haben, Sir."

Der Engländer machte eine kurze Verbeugung vor dem deutschen Offizier und sagte in gebrochenem Deutsch: „Jawohl, so soll es dann geschehen!"

Der Leutnant atmete innerlich erleichtert auf. Kein Widerstand. Halb gewonnen. Aber noch hatte er das Unterseeboot nicht in der Hand. Wie sah es in der Zentrale aus? Wurde die Schlagseite nicht von Sekunde zu Sekunde stärker?

„Ins Boot!", sagte Brandt knapp und bedeutete dem Engländer voranzugehen. Schweigend und schicksalsergeben machten sich die ersten Briten auf den Weg.

*

„Die ersten Minuten sind die entscheidenden", hatte Horn, der Obermaat, später oft gesagt. „Die ersten Minuten..."

Das mochte, abgesehen von Leutnant Brandt, der im Laufe der nächsten Viertelstunde noch mancher kritischen Situation gegenüberstand, für Obermaat Horn, für Möller und Weber zutreffen.

Horn, die schwarze Pistole P 08 in der Rechten, sprang gleich hinter dem Leutnant an Deck, übersah mit einem Blick die Lage – kein tätlicher Widerstand, keine augenblickliche Gefahr – und kletterte auf den Turm. Bedrückt sah er auf die Einschusslöcher in der Verkleidung des U-Bootturms.

Ein junges Bürschchen stand auf der Plattform, siebzehn, vielleicht achtzehnjährig – höchstens.

„Morning, boy!", sagte Horn fröhlich. Er war sich der Schwierigkeit und der beklemmenden Situation für die Feindsoldaten sehr wohl bewusst.

Der Engländer zuckte zusammen.

„Morning, Sir!", hauchte er verlegen.

„Flagge setzen!", befahl der Obermaat.

Der Tommy machte ein ungläubiges Gesicht – blickte sich verunsichert um.

„Flagge? I don't understand!"

„Union Jack!"

Und jetzt verstand der junge englische Matrose. Wenn es auch wahrhaftig keine ehrenvolle Tat war, in dieser traurigen Stunde als Gefangener die englische Flagge zu setzen.

Kaum wehte der Union Jack über der trüben weißen Parlamentärsflagge, die vom Sehrohr flatterte, da zog Horn ein rotes, fein säuberlich zusammengefaltetes Flaggentuch unter der Jacke hervor. Und es traf sich, dass in der gleichen Sekunde, als der junge Leutnant an Oberdeck die englischen Offiziere und Mannschaften zu Gefangenen erklärte, über dem Union Jack die deutsche Reichskriegsflagge auf dem Turm hochging. Das Boot war damit offiziell in deutschem Besitz.

*

Was erlebten Möller und Weber in diesem Augenblick?

Solange der Leutnant mit dem englischen Offizier sprach, standen sie auf dem Vorschiff und sahen sich in aller Ruhe die Tommies aus der Nähe an. Dann, als Brandt hinter dem Engländer auf den Turm stieg, hatten sie freie Hand.

Möller ging mit wiegenden Schritten über die Back. Ohne nach links und ohne nach rechts zu blicken ging er auf eine Gruppe von zwanzig, dreißig Matrosen zu, blieb dicht vor ihnen stehen, tippte mit dem rechten

Zeigefinger an die Mütze und sagte kurz und bündig:
„Moin, Lüd!"

Die Engländer starrten ihn an, ebenso erstaunt und neugierig wie die deutschen Matrosen auch.

Ein paar Mann murmelten so etwas wie „Good morning!"

„Attention!", sagte Möller jetzt und schaute die Tommies aus seinen gutmütigen grauen Fischeraugen an.

Und dann folgte eine Art Ansprache, halb Deutsch, halb Englisch, ein paar Brocken Platt.

„Attention! Ji all sind prisoners. Das habt ihr soeben von dem deutschen Leutnant vernommen. Euch passiert goar nichts. Dat heet, wenn hier eener Fisematenten mokt, gift dat 'n Loch in 'ne Büx, verstanden!"

Gleichzeitig wies Möller auf die Pistole.

Die Tommies grinsten. Es ergab sich, dass sie diese gemütliche Sprache recht gut verstanden.

Möller führte ein forsches Regiment. Zuerst die Verletzten und Kranken von Bord. Ein Offizier und zwei Matrosen, die durch die Maschinengewehreinschläge im Turm verletzt worden waren, dazu zwei Heizer, die seit drei Tagen mit Fieber in der Koje gelegen hatten. Diese fünf Mann waren die ersten Gefangenen, die Möller mit dem Motorkutter zur *Landgard* hinüberbrachte.

Ja, Möller kam mit den *Englishmen* zurecht. Schließlich war er nicht umsonst schon als Vierzehnjähriger vorm Mast um die ganze Welt geschaukelt…

*

Und Weber? Wie erging es Weber?

Zuerst stand er vor dem Turm, blickte über das lange Vorschiff, schüttelte den grauen Kopf und sagte ein über das andere Mal: „Dat sowat ünner Woter swemmt!"

Es war ihm ein Wunder, dieses englische Riesenboot, ein ausgemachtes Wunder. Unfassbar, dass hier Menschen lebten, fünfzig, sechzig Mann – tagelang, wochenlang unter Wasser, über Wasser…

„Woher?", fragte Weber einen Engländer, der ihn neugierig anstarrte.

Der Tommy schüttelte traurig den Kopf. Er verstand nicht oder er wollte nicht verstehen.

„Lange unterwegs?"

Schweigend zeigte der Engländer auf seine Bartstoppeln.

„Zwei, drei Wochen", dachte Weber.

Wochen ohne Licht und Luft. Sie waren müde, die Tommies. Nichts von Frische und jugendlicher Lebendigkeit. Tiefliegende Augen in blassen, schmalen Gesichtern, schlaffe Bewegungen.

„Traurig?", fragte Weber.

Das Geschick dieses blutjungen Gefangenen bewegte ihn, den gutmütigen, stillen Norddeutschen. Wie mochte es in so einem Jüngling, der kaum dem Knabenalter entwachsen war, zu dieser Stunde aussehen?

Der Engländer seufzte.

„Krieg!", sagte er und zuckte mit den schmalen Schultern. „Vater und Mutter warten auf mich. Sie wollen keinen Krieg. Sie wollen Arbeit, sie wollen Ruhe…"

Ein kurzes Gespräch, nur ein paar Wortbrocken. Aber sagte der Inhalt nicht genug? Mussten diese Worte eines englischen Jungen – offene, ehrliche Worte – einen deutschen Seemann nicht nachdenklich stimmen?

Weber sah sich jeden einzelnen an, als sie nacheinander, ihr Hab und Gut in einem Bündel unter dem Arm, in den Motorkutter stiegen. Jung waren die meisten, kaum der Schulbank entronnen. Angst und Verzweiflung stand in ihren Gesichtern.

*

Der Leutnant stellte einige Fragen an den rothaarigen Engländer.

„Größe des Bootes, Mister Smith?"

„Fünfzehnhundert Tonnen!", gab der Offizier bereitwillig Auskunft.

„Heiliger Strohsack!", entfuhr es Brandt und pfiff durch die Zähne.

Das übertraf seine Erwartungen. Fünfzehnhundert Tonnen!

Ein Riese unter den U-Booten. Man konnte mit Fug und Recht annehmen, dass es sich um ein Boot der größten Klasse handelte.

„Aufgabe im Skagerrak?"

Nun schwieg der Engländer jedoch.

Da gab Brandt selbst die Antwort: „Erstens – deutsche Transporte abknacken…"

„Nein, Sir", sagte der Rothaarige schnell dazwischen, „damit haben wir kein Glück gehabt…"

„Alle *Aale* vorbeigeschossen?"

„Ja, Sir, die meisten…"

„Ursache?"

„Deutsche Transporte gut gesichert."

Aber sollte ein Unterseeboot dieser ungewöhnlichen Größe nicht auch andere Aufgaben haben? Brandt stellte eine entsprechende Frage.

Der Rothaarige schüttelte den Kopf.

„Nein, Sir, keine weiteren Aufgaben."

Da fragte Brandt urplötzlich, indem er dem englischen Offizier scharf in die Augen sah: „Minen?"

Der Tommy blickte betroffen und erschrocken auf.

„Na, Mister Smith", sagte Brandt lächelnd, „also Minen?"

Nun, es gab keinen Ausweg. Zögernd kam die Antwort.

„Yes, Sir!"

Wie oft hatten sie darüber gesprochen, Offiziere der U-Boot-Jäger und Vorpostenboote! Hier die klare Bestätigung. Das waren die verdammten englischen Minen, die – heute von deutschen Booten geräumt – morgen schon wieder an der gleichen Stelle lagen. Von englischen U-Booten gelegt. Dafür hatte manches gesprochen. Hier war der Beweis, ein untrüglicher Beweis.

„Noch Minen an Bord?", fragte Brandt weiter.

Der Engländer überlegte eine Weile, tat, als zähle er in Gedanken nach, wie viele Minen sie gelegt hätten, wie viele also noch an Bord sein müssten. Schließlich sagte er, es wären noch ein paar Minen an Bord, etwa zehn an der Zahl.

„Also wurden bereits neunzig gelegt!", behauptete der Leutnant, ohne in Wirklichkeit zu wissen, wie groß das Fassungsvermögen dieses englischen Bootes genau sein könnte.

„In etwa", sagte der Engländer kurz.

Brandt wusste nun genug. Er war zufrieden. Ein *Minelaying-Submarine* war um vieles mehr wert als ein einfaches U-Boot schlechthin. Nein, dieses britische Boot namens *Whale* konnte den deutschen Fachleuten zweifellos dies und das verraten. Koste es, was es wolle – diese Beute musste unversehrt nach Hause gebracht werden.

Der Leutnant stieg vorsichtig, von Obermaat Horn gefolgt, die schmale Messingleiter hinunter. Wie mochte es in der Tiefe aussehen? Im Achterschiff, das die Mine und die Bombe bekommen hatte? In der Zentrale, in der Maschine, im Bugraum? Er war noch nie im Inneren eines Unterseebootes gewesen.

Und da war sie, die Zentrale! Der deutsche Offizier blickte auf glitzernde Hebel, schwarze Zeiger hinter Schaugläsern, Pumpen, Ventile, Entlüftungshähne… Technik, Technik, Technik! Dem Leutnant war bei Gott nicht behaglich zumute. Wie sollte er sich hier zurechtfinden, wenn die Tommies Schwierigkeiten machten?

Und danach sah es nun beinahe aus.

Sechs große und kräftige Kerle starrten ihn herausfordernd an. Ihre Gesichter sagten deutlich: Hier sind wir zu Hause – dies ist unser Reich – für jeden Fremden ein Geheimnis!

Immerhin trat dann ein etwas kleinerer, aber umso breitschultrigerer Mann, einen Goldstreifen an der Mütze, auf Brandt zu und stellte sich als der Leitende Ingenieur vor.

Jetzt kam es darauf an, sich schnell von dem Zustand des Bootes zu überzeugen. Wie sah es unter Deck aus? Waren die einzelnen Abteilungen noch klar oder hatte man etwa schon diesen und jenen Raum unter Wasser gesetzt?

„Achterschiff!", sagte Brandt kurz und bedeutete dem englischen Offizier voranzugehen.

Obermaat Horn blieb als Posten in der Zentrale zurück.

Nun nahm das ungewisse Abenteuer seinen Verlauf. Zunächst ereignete sich nichts. Es ging durch den Maschinenraum hindurch nach Achtern. Das heißt, soweit dies möglich war. Die Aussage der englischen Offiziere erwies sich als richtig. Eine Abteilung stand unter Wasser. Gut abgeschottet. Es konnte weder Wasser noch Luft entweichen. Hier war nichts weiter zu machen.

Gut. Wie sah es vorn aus, im Bugraum? Wieder den schmalen, halbdunklen Gang entlang, durch den Maschinenraum, durch die Zentrale nach vorn.

Herr des Himmels, welch ein Bild!

Hier in den Räumen der Mannschaft spürte man die Aufregung der letzten Minuten. Ein grenzenloses, ein wirres Durcheinander. Nicht nur, dass Öl ausgelaufen war und den Boden verschmiert hatte, nicht nur, dass zwischen Mänteln, Wolldecken und Sweatern da und dort Ferngläser und Gasmasken, ja, sogar Tauchretter herumlagen, nein, es sah gerade so aus, als ob noch vor kurzem Einbrecher an Ort und Stelle gehaust hätten. Schubfächer waren herausgerissen und durchwühlt. Auf den Kojen standen halbleere Seesäcke herum, auf der Back eine kleine Holzkiste mit leeren Rumflaschen.

Überall die Spuren eiliger Räumung. Man sah es, die Tommies hatten im letzten Augenblick ihre wichtigsten Habseligkeiten zusammengerafft und waren in wilder Flucht an Deck gestürmt. Aber dies war es nicht, was den Leutnant verwunderte. Schließlich konnte man die Lage der Besatzung verstehen, die Ungewissheit – werden die deutschen Flieger uns auf der Stelle versenken? Müssen wir elendig absaufen?

Nein, wenn er an Deck schon über die ungewöhnlichen Ausmaße des Bootes, über den wuchtigen Turmausbau gestaunt hatte, hier in der Tiefe waren es die Räume in ihrer Anordnung, in ihrer Ausstattung. Da gab es nur ein Wort – Verschwendung. Verschwendung an Platz, Verschwendung an Gewicht. Auf deutschen U-Booten stand die Zweckmäßigkeit an erster Stelle. Musste man beim Bau eines Unterseebootes nicht Gewicht sparen, wo man konnte? Kam es nicht im besonderen Maße auf schnelles Tauchen, auf gute Manövrierfähigkeit an?

Nein, auf deutschen U-Booten wurde Technik groß geschrieben. Luxus gab es nicht. Hier war es umgekehrt. Der Mannschaftsraum groß und geräumig, gerade als ob man beim Bau Platz zuviel gehabt hätte. Die Wände holzgetäfelt, schwere, breite Kojen, gehämmerte Messinglampen, dazu hinter den Klappsitzen hunderte von Schnapsflaschen. Sie schienen lustig zu leben, die *Sealords*!

Leutnant Brandt schätzte, was die Einrichtungen auf Kriegsschiffen betraf, nichts höher als die Zweckmäßigkeit. Und er hatte auf der *Landgard* selbst ein treffliches Beispiel gegeben, als er nämlich mit geringen Mitteln, *Bordmitteln* wie es hieß, das Fischdeck in einen Wohnraum für Unteroffiziere, ein gemütliches Lesezimmer für die Besatzung und eine Offizierskammer umbauen ließ.

Dann sah er die Kammer des Kommandanten!

Dass die holzgetäfelten Wände ringsum wie blanke Spiegel glitzerten, fiel hier nicht mehr sonderlich auf. Nein, aber der schwere graue Teppich, der den Boden bedeckte, der flache Tisch hinter dem dunklen Vorhang, die Heizungsrohre, das Bücherbord, die breiten bequemen Klubsessel, die Kommoden, die Schränke, die eben dem Modellzimmer eines ersten Möbelhauses entnommen sein konnten…

Und die Koje! Oh, es war ein Wunder von einer Koje.

Über der Koje – für den Augenblick, da der Herr Kommandant nach erquickendem Schlaf die Augen öffnete – über der Koje war eine Apparatur, die jederzeit dies und das über den Betrieb des Bootes anzeigte: Über- oder Unterwasserfahrt – Geschwindigkeit – Tauchtiefe – Kurs – Brennstoffmenge in den Tanks – Stromenergie der Akkumulatorenbatterien…

Die Kammer des Kommandanten war der einzige Raum, den der Leutnant in vorbildlicher Ordnung vorfand. Gewiss, ein paar Papiere, einige Briefe und die unvermeidliche englische Reitgerte lagen auf dem Tisch. Die Türen eines breiten Wandschranks standen auch offen. Brandt zählte drei elegante Zivilanzüge, zwei blaue Uniformen und einige weiße Messejacken, dazu an der Schranktür gut ein Dutzend bunte, schillernde Krawatten – aber nichts von Aufregung. Der Kommandant musste sein Schiff überraschend verlassen haben. Er hatte offensichtlich keine Zeit mehr gehabt, auch nur die dringendsten Habseligkeiten zu bergen.

Weiter! Wohin führte die schmale, helle Tür? Ins – Bad. Brandt würde später viel darum gegeben haben, wenn er in dem Augenblick dieser Entdeckung sein Gesicht hätte sehen können. Ein Bad mit fließend Warm- und fließend Kaltwasser. Mit Brause aus der Höhe und mit Handbrause.

Oh, diese englischen Herren führten ein Leben! Luxus, häusliche Bequemlichkeit! Nein, das kannten die deutschen U-Bootfahrer nicht. Das Boot war ihnen das Wichtigste, ein leichtes, ein wendiges, ein schnell tauchendes Boot.

In wenigen Minuten hatte der Leutnant dies alles überblickt. Die Hauptsache: Das Boot war in Ordnung, die einzelnen Abteilungen klar. Nur die Schlagseite, die Backbordschlagseite – es schien, als ob sie ganz allmählich stärker würde. Sollten die Tommies in letzter Minute, kurz bevor das Prisenkommando an Bord gekommen war, ein paar Tanks geflutet haben? Hatte der Leitende Ingenieur vielleicht gar noch in dem Augenblick gewisse Maßnahmen getroffen, als er, Leutnant Brandt, an Oberdeck von dem Ersten Offizier die Übergabe verlangte?

Zurück in die Zentrale!

Obermaat Horn, der mit entsicherter Pistole am Tiefenruder stand, meldete, dass nichts Sonderliches vorgefallen sei. Einer der Engländer hätte zwar einmal versucht, sich an dem großen Handrad an Backbordseite zu schaffen zu machen – er, Horn, hätte ihn jedoch mit der Pistole schnell zur Raison gebracht.

Brandt blickte auf die Krängungswaage an Backbord, ein fingerdickes Glasrohr, an dem in jedem Augenblick die Schräglage des Bootes abgelesen werden konnte.

Langsam, ganz langsam stieg die rote Flüssigkeit in der Glasröhre. Die Schlagseite nahm zu! Langsam, aber unaufhörlich. Wenn es so weiterging, musste das Schiff zu einem gewissen Zeitpunkt kentern, das war keine Frage.

Brandt verstand nichts von der Technik, die diesen Raum beherrschte. Hier in diesem großen, fremden Boot würde sicher selbst ein deutscher U-Bootingenieur seine Sorgen haben. Wie sollte also erst ein Seeoffizier, der gewohnt war, auf der Kommandobrücke zu stehen, diese Geheimnisse ergründen?

Da starrten ihn Pumpen und Ventile und Entlastungshähne an. Stahlflaschen mit Sauerstoff und Pressluft. Tourenzähler für die Maschinenleistung. Schaugläser, die die Tauchtiefe anzeigen sollten. Manometer, an denen man den Luftdruck ablas…

Verwirrende Technik!

Jedoch musste etwas geschehen. Die rote Flüssigkeit stieg.

Brandt wendete sich entschlossen an den Leitenden Ingenieur.

„Ich fordere Sie auf, augenblicklich alle Tanks zu schließen!"

Der Engländer zuckte die Achseln. Es wäre alles in Ordnung, alle Tanks geschlossen.

„Bedauere, Sir!"

„Und die Schlagseite?", sagte der Leutnant scharf.

Der Ingenieur tauschte einen schnellen Blick mit Smith, dem Ersten Offizier.

Und der Rothaarige gab die Antwort: „Von der Mine, von den Bombentreffern, Sir!"

Da entdeckte Brandt neben dem Tiefenruder eine breite Skala mit roten Lämpchen an der linken und grünen an der rechten Seite. Links oben stand *Backbord*, rechts *Steuerbord* und unter den Lämpchen jeweils *Tank I*, *Tank II*, *Tank III* und so weiter. Eine optische Befehlsübermittlungsanlage, die jederzeit anzeigte, welche Tanks geöffnet, welche geschlossen waren.

Gerettet!

An Backbord waren zwei Tanks geöffnet. Das zeigte die Skala eindeutig an. Die roten Lampen über *Tank I* und *Tank II* leuchteten.

Der Leutnant, die Pistole in der Rechten, trat dicht an den englischen Ingenieur heran und blickte ihm scharf in die Augen.

„Tank I und Tank II an Backbord auf der Stelle schließen!"

Der Tommy zuckte zusammen und hob beschwörend die Hände.

„Verstehe nicht, Sir – es ist alles in Ordnung!"

Da riss dem Leutnant endgültig der Geduldsfaden.

Er hob die P 08 dicht vor das Gesicht des Briten. Sein Gesicht glühte.

„Keine Scherze, meine Herren! Das ist mein letztes Wort – die Backbord-Tanks schließen! Sollte das nicht geschehen, dann knallt es gleich!"

Der Tommy verstand nun, dass es dem Deutschen bitterernst war. Ein paar hastige Worte mit dem Rothaarigen, der zustimmend nickte. Anweisungen an die Männer im Hintergrund. Schon sprang ein Maschinist an die großen Backbordventilräder. Die Befehlsübermittlungsanlage reagierte sofort. Die roten Lämpchen erloschen.

Eine Minute verging.

Brandt blickte angespannt auf die Krängungswaage.

„Verdammt, die rote Flüssigkeit steigt noch immer weiter an", dachte sich der junge deutsche Offizier.

Brandt wartete eine weitere Minute. Es herrschte eisiges Schweigen in der Zentrale.

Von Oberdeck drangen durch das Turmluk ab und zu ein paar englische und deutsche Wortfetzen nach unten. Auf einmal rief Möller dem Leutnant zu, dass er die letzten Gefangenen jetzt zur *Landgard* hinüber fuhr.

Die rote Flüssigkeit stieg noch immer – ganz langsam, aber sie stieg.

Die Klappen waren geschlossen. Wasser konnte nicht mehr in die Tanks eindringen, aber wer wusste, wie lange Tank I und Tank II schon geflutet wurden?

Da wusste Brandt den Ausweg.

„Pressluft!", sagte er kurz. „Geben Sie sofort Pressluft auf die Tanks!"

Der Engländer machte ein hilfloses, ein bekümmertes Gesicht. Pressluft zu geben, sei mit dem besten Willen nicht möglich. Das Gebläse sei beschädigt, die Maschinen unklar.

Er zeigte auf diesen und jenen Manometer, deren Zeiger auf *Null* standen. Und die Männer im Hintergrund blickten gleichfalls entsetzt drein. Sie fürchteten, dass der Deutsche ihnen nicht mehr glauben würde. Sie fürchteten die Pistole in der Hand des deutschen Offiziers.

„Gut!", sagte Brandt unvermittelt. „Geben Sie Pressluft aus den Flaschen!"

Pause.

Schweigen.

Dann zeigte der Ingenieur auf die Flaschen und sagte höflich: „Yes, Sir – wollen wir versuchen, aber die Flaschen sind so gut wie leer!"

Brandt sah auf die Manometer. In der Tat, es war nicht viel Pressluft da.

Trotzdem – vielleicht reichte es, um die Krängung endlich zu stoppen.

„Make haste!"

Ein leises Zischen, ein ganz schwaches Geräusch nur. Aber siehe – die rote Flüssigkeit in der Krängungswaage stand. Ja, nach einer weiteren Minute begann sie zu fallen, ganz wenig nur, aber sie fiel.

Brandt fiel ein Stein vom Herzen. Kaum hörbar atmete er tief durch.

Nun hatte er wieder Zeit. Jetzt blieb abzuwarten, ob das Boot sich in dieser Lage hielt.

Sahen die Engländer ihre Chance schwinden? War es der letzte Versuch, als der Rothaarige plötzlich lächelnd auf den Leutnant zutrat und mit erhobener Stimme verkündete, es sei trotz allem zu spät.

„In sieben, spätestens zehn Minuten fliegt das Boot in die Luft!"

„Ablenkungsmanöver!"

Kalt und überlegen antwortete Brandt, dass er viel Zeit hätte, sehr viel Zeit.

„Und ich denke, Sie mit mir, meine Herren!"

Das war gewiss ein großes Wort und der Leutnant hatte sich später manches Mal über sich selbst gewundert, wenn er an die heikle Lage in der Zentrale des fremden U-Bootes zurückdachte.

Ja, der Leutnant ging sogar soweit, an den englischen Offizier einige Fragen allgemeiner Art zu stellen. Zum Beispiel, wie lange das Boot schon hier im Skagerrak auf Position sei?

„Siebzehn Tage."

Wo sie zuletzt ausgelaufen seien?

„London. Und zwar aus dem Mittelmeer abkommandiert. Lagen in Gibraltar auf Station!"

„Aus dem Mittelmeer?", sagte Brandt verdutzt. „Also sozusagen Verstärkung hier oben – infolge der Verluste?"

Nein, das möchte der Rothaarige damit nicht gesagt haben. Gewiss, Verluste seien da – auf beiden Seiten. Das bliebe im Krieg schließlich nicht aus, aber Verstärkung... Nein...

„Übrigens", setzte er mit einer höflichen Handbewegung hinzu, „dürfen wir Sie zu einem Navy-Rum in die Messe einladen? Haben einen Rum an Bord, wie es ihn auf der ganzen Welt nicht wieder gibt." Und mit einem lächelnden Blick auf die Uhr: „Noch fünf Minuten bis zur Himmelfahrt!"

„Danke", sagte der Leutnant kurz.

Nein, er bliebe schon lieber in der Zentrale. So etwas gäbe es nicht jeden Tag – im Bauch eines englischen U-Bootes zu stehen!

Und er hatte unentwegt die Krängungswaage, die rote Flüssigkeit im Auge.

Wenn nichts dazwischenkommen würde, hielte sich das Boot. Jedoch musste man darauf gefasst sein, dass die Tommies im letzten Augenblick einen Handstreich vorhatten. Aufpassen, nicht locker lassen.

Oh, der Leutnant hatte nicht vor, sich die Beute jetzt noch entwinden zu lassen. Er passte scharf auf jede Bewegung der Engländer auf. Die Pistole war entsichert. Wenn es sein musste, wurde geschossen. Im Hintergrund – ein treuer Wächter – stand Obermaat Horn in unerschütterlicher Ruhe, gleichfalls die Pistole bereit.

„Noch vier Minuten", sagte der Rothaarige todernst.

Brandt glaubte nicht an die Bombe mit Zeitzünder. Es war ein letzter verzweifelter Versuch, ein Ablenkungsmanöver.

„Wenn Sie absolut zu Petrus wollen, meine Herren – ich habe nichts dagegen. Oh, ich bin mit von der Partie!", sagte er ruhig.

Es geschah nichts in den nächsten vier Minuten, gar nichts. Die Krängung war zum Stillstand gekommen, eine gewisse Schlagseite nach Backbord ließ sich nicht ausgleichen, aber das Boot schwamm.

Brandt hielt die Uhr hoch.

„Nun, meine Herren? Wo bleibt Ihre Bombe?"

Die Maschinisten im Hintergrund hatten das Spiel längst aufgegeben.

Nur der Rothaarige gab sich noch nicht geschlagen.

„Es kann sich nur um Minuten handeln!", sagte er beharrlich.

Brandt grinste.

Schluss – aus – vorbei! Das Boot schwamm.

„Alle Mann an Oberdeck!"

Nun, die Männer ließen sich das nicht zweimal sagen. Sie klemmten ihr Bündel mit den geborgenen Habseligkeiten unter den Arm, sahen sich noch einmal kurz im Raum um – sozusagen zum Abschied – und kletterten eilig nach oben. Nur die Offiziere, der Rothaarige und der Ingenieur zögerten.

„An Oberdeck, meine Herren!", wiederholte der Leutnant.

Da machte der Rothaarige einen letzten kläglichen Versuch. Er müsste das Boot zuletzt verlassen – er, als der Stellvertreter des Kommandanten. Das entspräche doch im Übrigen alter seemännischer Tradition!

Jedoch zeigte es sich, dass der Leutnant nun aber auch nicht das geringste Verständnis für seemännische Tradition hatte. Das hätte noch gefehlt. In letzter Minute hinter dem Rücken des deutschen Prisenoffiziers schnell noch ein paar Ventile aufreißen.

„Bitte", sagte Brandt scharf.

Als sie, von Obermaat Horn gefolgt, in der Höhe des Turmes verschwanden, stand der Leutnant noch eine Minute allein in der Zentrale und atmete tief durch.

*

Die Arado der Besatzung des jungen Leutnants flitzte über die See. Die Geschwindigkeit nahm schnell zu, dennoch hatte die Ar 196 Schwierigkeiten, in die Luft zu kommen. Das Gewicht des zusätzlichen Mannes machte sich unangenehm bemerkbar. Doch letztlich schaffte es Unteroffizier Schmidt, die *Fliege* in die Luft zu bekommen. Der gutmütige BMW 132k beschleunigte das Flugzeug auf die Reisegeschwindigkeit von 286 Kilometern pro Stunde. Und in 2.000 Meter Höhe strebten die beiden Deutschen mit ihrem unfreiwilligen Gast ihrer Basis zu.

Leutnant Rahmen blickte bedächtig auf den englischen Kommandanten. Was mochte ihm wohl gerade durch den Kopf gehen? Hatte er sich in sein Schicksal ergeben oder plante er doch noch irgendeine Schweinerei? Doch andererseits, was sollte der Mann schon unternehmen? Jede Aktion würde unweigerlich auch sein Ende bedeuten. Wahrscheinlich machte er sich auch Gedanken über sein weiteres Schicksal in Gefangenschaft. Es kursierten ja die tollsten Gerüchte darüber, wie die Deutschen angeblich mit Kriegsgefangenen umgehen sollten.

„Sie werden anständig behandelt, darauf mein Ehrenwort als deutscher Offizier, Sir", versuchte Rahmen den Engländer zu beruhigen.

Ob es ihm gelang, wusste er natürlich nicht. Der Kommandant nickte nur freundlich mit einem leichten, gezwungenen Grinsen. Ein Gespräch kam nicht auf. Auch Unteroffizier Schmidt schwieg in der Flugzeugführerkanzel.

So hörte Rahmen einzig auf das gleichmäßige Sonoren des Neunzylinder-Sternmotors.

In diesem Klang verging die Zeit, aber dennoch durfte Rahmen auch die nähere Umgebung nicht gänzlich vernachlässigen. Es wäre zu schade, wenn sie kurz vor der Heimat von einem feindlichen Jäger überrascht worden wären. Doch nichts dergleichen zeigte sich und so verging der Rückflug in seliger Ruhe.

„Wir haben es fast geschafft. Nur noch zehn Minuten, dann sind wir in der Basis", riss die Stimme von Schmidt den Leutnant aus seinen Gedanken.

Auch den Engländer hatte die Stimme des Unteroffiziers aus seinen Träumen gerissen. Rahmen hatte den Eindruck, dass er nun noch bedrückter dreinschaute.

Schmidt ließ die Arado langsam sinken und schwenkte ein. Rahmen konnte aus dem Dunst bereits die Küstenlinie erkennen.

Euphorie machte sich bei dem jungen Leutnant breit.

Wie werden wohl die Kameraden reagieren – der Kommandeur?

Schmidt kündigte sie ordnungsgemäß beim Stützpunkt an und teilte mit, dass sie einen Gefangenen bei sich hatten.

Schon wenige Minuten später setzte die Arado auf der Wasseroberfläche auf und bewegte sich zum Anlegesteg.

Dieser wurde bereits von mehreren Kameraden bevölkert.

Schnell legten sie an und wurden fest gemacht.

Über die ganzen Gesichter strahlend stiegen Unteroffizier Schmidt und Leutnant Rahmen aus. Sie flankierten den gefangen genommenen U-Boot-Kommandanten.

Das Erstaunen bei den Kameraden war riesengroß. Für viele war es das erste Mal, dass sie einen Engländer aus der Nähe sahen. Aus dem Hintergrund erschien nun ihr Kommandeur.

Leutnant Rahmen und Unteroffizier Schmidt grüßten vorschriftsmäßig.

Als der junge deutsche Offizier zu einer Meldung ansetzen wollte, winkte der Vorgesetzte ab.

„Lassen Sie mal, Rahmen. Sagen Sie lieber, wen Sie dort mitgebracht haben", dabei zeigte der Kommandeur auf den englischen Seemann.

„Nun, Herr Major meinten doch, wir sollten als Beweis einer Versenkung die Mütze des feindlichen Kommandanten mitbringen. Sicherheitshalber haben wir auch gleich noch den Kommandanten mitgebracht!"

*

Leutnant Brandt kletterte die metallene Leiter hinauf und trat auf den durchlöcherten Turm. Tief zog er die salzige Seeluft ein.

„Kaum auszudenken, wie man die frische Luft vermissen muss, wenn man stundenlang in solch einer Stahlröhre zubringt", dachte sich der Offizier.

Er sah, wie die letzten Engländer nun in das Boot hinüberstiegen.

Schnell überprüfte Brandt nochmals die Taue, mit denen das englische Unterseeboot durch die *Landgard* abgeschleppt werden sollte. Wäre es doch sehr ärgerlich, wenn die Taue reißen und die Beute noch kurz vor dem bevorstehenden Erfolg in den kalten Wellen des Skagerraks versinken würde.

Nachdem er sich davon überzeugt hatte, dass alles ordnungsgemäß fest vertäut war, stieg auch er in das kleine Motorboot.

In schneller Fahrt ging es nun hinüber zur warten-
den *Landgard*.

Dort war es mittlerweile sehr beengt. Es waren so
viele Engländer wie möglich unter Deck gebracht
worden, doch mussten einige auch auf dem Oberdeck ausharren.

Nun kamen noch acht weitere Männer hinzu.

Während der Motorkutter wieder fest gemacht
wurde, begab sich Leutnant zur See Brandt zu seinem Kommandanten.

Ordnungsgemäß machte er Meldung beim Kapitänleutnant.

Auch dieser strahlte über sein ganzes wetterge-
gerbtes Gesicht. Solch ein Fang war nun tatsächlich
nichts Alltägliches.

Der Kapitänleutnant klopfte dem Leutnant zur See
freundschaftlich und anerkennend auf die Schulter.

Schnell wurden dem Steuermann entsprechende
Befehle erteilt und die *Landgard* setzte Kurs Richtung
Heimat. Der alte, umfunktionierte Fischkutter hatte
schwer an der Beute zu schleppen. Die alten Schiffs-
diesel schnauften bedenklich und öliger, schwarzer
Rauch stieg aus dem hohen Schornstein empor.

Über ihnen kreiste eine einzelne Arado 196.

Mit maximal fünf Knoten schlich die *Landgard* mit
dem englischen Unterseeboot in Schlepp zurück
nach Skagen.

Die englischen Seeleute hatten sich in ihr Schicksal
ergeben und es kam an Bord zu keinerlei Zwischen-
fällen. Die Verwundeten wurden so gut wie möglich
versorgt.

Nach Stunden erreichten sie endlich den Hafen.
Bereits einige Seemeilen vor der Hafeneinfahrt wurden sie von Sicherungsschiffen der Kriegsmarine in

Empfang genommen. Einige der englischen Seeleute und auch die Verwundeten konnten übergeben werden, damit sie schneller richtig versorgt werden konnten.

Einige deutsche Seeleute, welche sich wenigstens rudimentär mit der britischen Technik auskannten, gingen bereits an Bord des feindlichen Unterseeboots, um die Technik so gut wie möglich zu überwachen.

Als die *Landgard* endlich anlegen konnte, war das Empfangskomitee riesig. Niemand, der die Möglichkeit hatte, wollte sich dieses Schauspiel entgehen lassen. Wann sonst konnte man denn schon ein feindliches Unterseeboot aus nächster Nähe betrachten, ohne unmittelbar in Gefahr zu geraten.

Sicher war auf jeden Fall, dass diese Beute am Abend ordentlich begossen werden musste.

*

„Prost, Herr Obermaat!"

„Prost, Jungs!"

Klirrend stießen die grünen Flaschen gegeneinander, jeweils dreimal – zweimal über Kreuz und dann hochkant – Backbord, Stürbord, Mittschiffs – wie das bei der Marine nun mal so üblich war.

Obermaat Horn legte den Kopf in den Nacken und ließ sich den gut gekühlten Gerstensaft durch die Gurgel rinnen. Sein Adamsapfel hüpfte vor Vergnügen und sorgte mit kräftigen Pumpbewegungen dafür, dass das Bier mit dem Schlüssel auf dem Flaschenetikett auch an seinen Bestimmungsort gelangte.

Horn fühlte sich unter den Männern rundherum wohl, hier unter den Kameraden der *Landgard*, die nun wieder am Kai des Hafens von Skagen lag.

Er nutzte die Gelegenheit, sich seinen persönlichen Werdegang durch den Kopf gehen zu lassen. Vor einigen Monaten hatte es für ihn gar nicht so rosig ausgesehen. Nach Kriegsausbruch hatte man ihn in einen Auffrischungskurs gesteckt. Diesen hatte er mit Bravour bestanden. Und vielleicht gerade deshalb kam irgendein hohes Tier auf die glorreiche Idee, ihn, den ehemaligen U-Bootfahrer und Kutterfahrer auf ein Dickschiff zu stecken, nämlich auf das auf Schillig Reede liegende Panzerschiff *Admiral Scheer*.

Ein Dickschiff – der Alptraum eines Unterseeboot- und Kleinbootfahrer.

Nachdem der reaktivierte Obermaat den dicken Dampfer ausgiebig beschnüffelt hatte, sah er sich in seiner Auffassung bestätigt, dass der Schuster eben doch bei seinen Leisten bleiben sollte. Doch Horn war mit allen Seewassern gewaschen und hatte den Auffrischungslehrgang genutzt, um nützliche Kontakte zu knüpfen. Einer dieser Kontakte saß beim Stab des Admirals Ostsee und über dessen Schreibtisch liefen die Kommandierungen. Zwischenzeitlich hatte Horn natürlich erfahren, dass die *Landgard* ebenfalls von der Kriegsmarine requiriert worden war und es gelang tatsächlich mit einigen Telefonaten, dass Horn auf seine *Landgard* kommandiert wurde.

Nach zahlreichen mehr oder minder schweren Einsätzen erfolgte letztendlich der Schlepp des britischen Unterseebootes, welchen sie nun begossen.

Es wurde bereits so manches Flaschenbier gelenzt. Eine ansehnliche Sammlung an Leergut auf der Tischplatte bewies diesen Umstand eindrucksvoll.

Der Qualm vieler gerauchter Zigaretten wälzte sich durch den mit brodelndem Stimmengewirr erfüllten Raum und ließ die Luft langsam stickig werden.

Als ein Luftzug den blauen Dunst über ihnen in Bewegung setzte, drehten sie unwillig die Köpfe zum Eingang, wurden aber sogleich hellwach und nahmen unwillkürlich Haltung an – zumindest so gut es ging.

In der Tür stand ein Marineoffizier mit drei Streifen am Ärmel – zwei mittelbreiten und dazwischen einen schmalen Streifen.

„Ein Kapitänleutnant!", flüsterte ein junger Matrose ehrfürchtig in einer der hintersten Ecken.

Hinter ihm erkannte Horn einen Leutnant zur See.

„Beruhigt euch, ihr *Blaujacken*, das ist nur unser *Alter*!", warf Horn in die Runde.

Der Kapitänleutnant und Leutnant zur See Brandt gesellten sich an den Tisch, an dem Obermaat Horn und die restliche Besatzung der *Landgard* saßen.

Sofort bestellte der Kommandant eine neue Runde.

Als diese auf dem Tisch stand, donnerte ein grölendes „Prost, Männer! – Auf unseren großen Fang!" durch den stickigen Raum.

*

Die *Fliege* war bereits am nächsten Tag wieder unterwegs, um wiederum das Seegebiet im Skagerrak zu überwachen. Eigentlich sollte die Besatzung von Leutnant Rahmen und Unteroffizier Schmidt mit einer weiteren Maschine die Patrouille durchführen.

Doch die zweite Maschine musste kurz nach dem Start wieder umkehren, da sie einen Motorschaden meldeten. Nun also waren die beiden Deutschen wieder allein unterwegs.

Rahmen ließ den vergangenen Tag im Geist nochmals Revue passieren.

Kurz nachdem sie den englischen Kommandanten übergeben und die vielen Glückwünsche der Kameraden über sich ergehen lassen hatten, wurden sie in das Zimmer ihres Kommandeurs bestellt. Auch dieser hatte nur lobende Worte für die beiden übrig. Des Weiteren wurde ihnen mitgeteilt, dass sie zur Beförderung eingereicht wurden.

Darüber hinaus wurde Rahmen das Eiserne Kreuz erster Klasse und Unteroffizier Schmidt das EK 2 verliehen.

Den wohlverdienten Sonderurlaub sollten die beiden spätestens in einer Woche antreten, doch vorerst war die Personallage in der Küstenfliegerstaffel noch zu angespannt.

„Na, Schmidt, wie sieht es heute mit Ihren Gefühlen aus?", erkundigte sich Rahmen bei seinem Flugzeugführer, während er angespannt den Luftraum hinter sich im Auge behielt und immer wieder die ungefähre Position auf der Karte verglich, die auf seinem rechten Bein klebte.

„Ich denke, meine Gefühlsebene hat sich gestern zur Genüge geäußert. Da ist heute Funkstille, Herr Leutnant."

Rahmen musste auflachen. Er kannte den Unteroffizier mittlerweile sehr genau, um ihn einschätzen zu können.

Doch auch er war sich bewusst, dass ihnen solch ein Coup wie mit dem englischen Unterseeboot wohl nicht noch einmal gelingen würde. Es war ein Glücksfall für sie, wie er wohl nur einmal in zehn Jahren vorkommt.

Nun konzentrierten sie sich wieder darauf, den Seeweg aufzuklären und feindliche Seestreitkräfte anzugreifen und im besten Fall zu versenken, aber nicht zu kapern.

Doch wie es bisher aussah, würde wohl heute tatsächlich „Keine besonderen Vorkommnisse" ins Flugbuch geschrieben werden.

Mit einer ermüdenden Eintönigkeit wummerte der Sternmotor der Arado vor sich hin.

„Wir müssen bald abdrehen. Wir nähern uns schwedischen Hoheitsgewässern!", meldete Schmidt nach einigen Minuten.

Rahmen konnte die leichte Kurve spüren, die nun geflogen wurde. Ein schmaler, kaum zu erkennender Küstenstreifen wanderte langsam in sein Blickfeld – Schweden – ein Land im tiefsten Frieden.

Wieder schweiften Rahmens Gedanken ab.

„Prost, Jungs! Auf den dicken Fisch, den ihr euch geangelt habt!", schallte es noch immer in Rahmens Kopf und er konnte den Rauch der Zigaretten und Zigarren der Kameraden noch immer riechen. Die gestrige Feier war sehr ausschweifend und irgendwann musste Rahmen die Feier tatsächlich abbrechen, da sie ansonsten nicht in der Lage gewesen wären, den heutigen Feindflug zu absolvieren. Dennoch war Rahmen heute mit einem flauen Gefühl im Magen aufgewacht, das mit Sicherheit von dem einen oder anderen Schnaps herrührte, und er war sich sicher, dass es dem Unteroffizier ebenso ging, denn er war während des gesamten Flugs über sehr schweigsam.

„Herr Leutnant, schauen Sie mal auf 90 Grad!", durchbrach die Stimme Schmidts die Gedanken des Offiziers.

Rahmen wendete den Kopf in die angegebene Richtung, kniff die Augen zusammen und tatsächlich konnte er Umrisse erkennen.

„Ist das ein Schiff, Schmidt? Können Sie das erkennen?"

„Negativ, Herr Leutnant. Ich kann nicht mit Bestimmtheit sagen, um was es sich da handelt!"

Rahmen musste nicht lange überlegen.

„Ran da!"

Wieder spürte er die Kurve, die die Arado beschrieb und der Horizont wanderte aus seinem Blickfeld, als die rechte Tragfläche der Ar 196 sich nach unten neigte.

Doch nicht lange und die Maschine neigte sich wieder in die Horizontale.

Nach wenigen Augenblicken meinte der Unteroffizier von vorn aus der Führerkanzel: „Es ist ein Schiff – Transporter möchte ich behaupten!"

„Fliegen Sie eine Kurve, will auch mal einen Blick drauf werfen!"

Wieder kippte die Arado ab und Rahmen konnte sich das Gefährt betrachten.

„Sie haben Recht. Die Frage ist nur, ob feindlich oder neutral. Die Flagge kann ich noch nicht erkennen. Sehen Sie was?"

„Nein, Herr Leutnant."

„Dann fliegen Sie ihn mal an und an deren Längsseite entlang – wollen mal sehen, wie sie reagieren."

Schmidt flog nun eine weite Kurve, um das vermutete Handelsschiff von hinten anfliegen und es in seiner gesamten Länge betrachten zu können.

Sie flogen das Schiff mit über 200 Kilometern pro Stunde an und an dem unbekannten Schiff vorbei.

„Ich meine, ich habe eine französische Flagge gesehen!", meinte Rahmen. „Was sagen Sie?"

„Bin mir nicht sicher, aber ja, kann sein, Herr Leutnant", war die sehr vage und unverbindliche Antwort des Unteroffiziers.

„Wir müssen uns sicher sein! Was glauben Sie, was man mit uns macht, wenn wir einen Neutralen angreifen?"

„Bin mir nicht sicher, Herr Leutnant!"

„Gut. Fliegen wir ihn halt noch mal an. Aber diesmal die Augen so weit auf wie möglich!"

Wieder beschrieb die Arado eine weite Kurve und wieder flogen sie das Handelsschiff von hinten an.

Es erfolgte das gleiche Spiel wie vorher.

„Ja, ja, es ist ein Franzose!", rief Schmidt nun über den Bordfunk. „Wie sieht es aus? Befindet sich der Franzmann bereits in schwedischen Gewässern?"

„Nein, Schmidt. Aber kurz davor. Wie es aussieht, kommt er gerade von dort und dem Kielwasser nach dreht der Schweinehund wieder dorthin ab!"

„Na, das wollen wir dem aber versalzen!"

„Wir fliegen ihn aus der gleichen Richtung an, aber diesmal aus leichtem Sturz und dann legen wir ihm unsere beiden 50 Kilo Eier aufs Deck. Dazu wollen wir ihn mal mit unseren beiden MG FF bekannt machen und beharken ihn ein wenig!"

Ein kurzes „Jawohl, Herr Leutnant!" ist alles, was Unteroffizier Schmidt nun erwiderte.

Zum dritten Mal setzte die Arado nun zu einer Kurve an, wieder neigte sich die rechte Tragfläche, um danach in den Geradeausflug überzugehen, um dann erneut abzukippen.

Nachdem sie das Handelsschiff umrundet hatten, ließ Schmidt das Wasserflugzeug steigen, damit sie Höhe gewinnen konnten, um den Feind dann im leichten Sinkflug angreifen zu können.

Dieser hatte anscheinend bemerkt, dass sich das deutsche Flugzeug diesmal anders verhielt.

Der Franzose strebte nun endgültig der schwedischen Küste zu, begann jedoch gleichzeitig zu zacken. Zusätzlich blies er nun tiefschwarzen Rauch aus dem einzelnen dicken Schornstein.

„Die Brüder haben anscheinend den Braten gerochen!", meinte Schmidt von vorn.

„Das wird denen auch nicht mehr helfen!"

Immer höher wurde die Geschwindigkeit, mit der die Arado auf das französische Handelsschiff zuflog.

Die Daumen von Unteroffizier Schmidt legten sich um den Steuerknüppel und die Auslöseknöpfe der Waffen.

Rasend schnell näherten sie sich nun ihrem Ziel.

Die Daumen Schmidts drückten die Knöpfe für die beiden 20 Millimeter MG FF in den Tragflächen.

Die Waffen begannen zu hämmern, der Unteroffizier spürte die Vibrationen durch den Steuerknüppel in den Daumen bis zu den Armen.

Er sah die Leuchtspurgeschosse über das Deck des Handelsschiffes flitzen – erkannte, wie sich die Geschosse durch Holz und Metall fraßen und wie sie sich schließlich in den Brückenaufbau hineinbohrten. Kurz danach spürte er einen stärkeren Ruck am Steuerknüppel.

Die Arado machte einen kleinen Satz nach oben, da sie nun schlagartig um 100 Kilogramm leichter geworden war – die beiden 50 Kilogramm Bomben taumelten ihrem Ziel entgegen.

Die Arado war kaum über das französische Schiff hinweg, da brüllten hinter den Deutschen zwei gewaltige Detonationen auf. Rahmen sah, wie Holzplanken, verbogene Metallteile und andere Trümmer durch Feuer und Rauch in die Höhe flogen.

„Beide Bomben haben voll getroffen!", jubelte der junge Leutnant.

Schmidt zog die Arado hoch und Rahmen nutzte die Gelegenheit, um das nun brennende Frachtschiff mit dem MG 15 zu beharken. Er schickte lange Geschossgarben zum Feind hinüber, doch die 7,92 Millimeter Geschosse hatten keine große Wirkung bei dem Franzosen.

Der französische Frachter war durch die beiden 50 Kilogramm Bomben zwar angeschlagen, aber noch lange nicht versenkt. Dazu reichten die relativ kleinen Sprengkörper bei Weitem nicht aus.

Unverzüglich ging ein Funkspruch von der ihr Opfer umkreisenden Arado zum Seefliegerhorst Nest, um Unterstützung heran zu holen, damit der Franzose endlich auf Grund geschickt werden konnte.

Die Basis sicherte zu, dass schnellstmöglich zwei Maschinen zum angegebenen Standort entsandt wurden.

Leutnant Rahmens Maschine sollte so lange über dem angeschlagenen Frachter kreisen.

„Also gut, Schmidtchen. Wollen wir den Franzmann mal weiterhin etwas in Schach halten. Jagen wir ihm mal noch ein paar Garben aus den schweren MGs in die Brücke!"

Schmidts Reaktion folgte auf dem Fuße und er zwang die Arado wiederum in eine weite Kurve.

Der BMW 132 K jaulte auf und Schmidt ließ das Schwimmerflugzeug wieder an Höhe gewinnen.

Aus mehreren tausend Metern ließ der Unteroffizier die Ar 196 erneut im flachen Sturzwinkel auf das Handelsschiff zustürzen. Er hatte den breiten, massiven Brückenaufbau genau im Visier und wenige Augenblicke später drückte er die Auslöseknöpfe für die beiden MG FF.

Sofort zischten die 2-cm Geschosse auf die Schiffsbrücke zu und stanzten große Löcher in den Schiffsstahl oder ließen die Gläser der übrigen Fensterscheiben zersplittern.

Als Schmidt die Arado wenden ließ, um einen neuen Anflug zu starten, beschoss Rahmen das Oberdeck erneut mit seinem MG 15 aus dem Heckstand. Selbst wenn die kleinen Geschosse kaum eine Wirkung auf das Schiff hatten, so konnten sie jedoch zumindest die Besatzung niederhalten.

Noch zwei Mal konnten sie dieses Manöver wiederholen, dann war die Munition der schweren Maschinengewehre verschossen.

Doch bereits wenige Minuten später sahen die beiden Deutschen zwei dunkle Punkte auf ihren Standort zukommen.

Rahmen war alarmiert, denn noch konnten sie nicht erkennen, ob es sich um eigene oder feindliche Flugzeuge handelte. Natürlich sprach die Richtung, aus der die unbekannten Maschinen kamen für die angekündigten Arados, doch man wusste ja nie.

Schmidt blieb zwar in unmittelbarer Nähe des Handelsschiffes, aber sie stiegen höher, um notfalls durch Sinkflug den Fahrtüberschuss für eine Flucht ausnutzen zu können.

Doch die Vorsichtsmaßnahmen waren nicht nötig.

Die beiden schwarzen Punkte schälten sich deutlicher und deutlicher heraus und es waren tatsächlich zwei deutsche Arado 196.

Als sie nahe genug heran waren, konnten die beiden Deutschen in der *Fliege* erkennen, dass die Neuankömmlinge ebenfalls je zwei 50 Kilogramm Bomben trugen.

„Na, hoffentlich reichen die Eier, um den Pott endlich zu versenken", dachte sich Rahmen bei deren Anblick.

„Na, ob das mal langt, Herr Leutnant", meinte in diesem Augenblick auch Unteroffizier Schmidt.

Doch der Franzose musste bereits ernsthafte Beschädigungen aufweisen, denn er schwamm zwar noch, aber das Schiff machte keinerlei Fahrt mehr, sondern wurde von der Strömung umher getrieben.

Am Oberdeck regte sich jedoch keinerlei Bewegung. Also musste die Besatzung unter Deck sein. Wahrscheinlich waren sie mit Löschmaßnahmen durch die beiden Bombentreffer beschäftigt.

Leider konnte die Besatzung der *Fliege* das weitere Geschehen nicht mehr beobachten, da nun eine rote Lampe am Instrumentenbrett der Arado aufleuchtete und Schmidt signalisierte, dass sie schnellstens zurück zum Seefliegerhorst Nest mussten. Darüber hinaus wurde das Wetter auch zunehmend schlechter.

„Herr Leutnant, wir müssen zurück. Der Sprit wird knapp!"

Zähneknirschend blieb Rahmen nichts anderes übrig, als den entsprechenden Befehl zu geben.

Beim Rückflug sahen sie, wie sich die beiden anderen Ar 196 auf das beschädigte französische Handelsschiff stürzten.

Aufsteigender schwarzer Qualm zeigte ihnen an, dass die Kameraden wohl ebenfalls Treffer landen konnten. Auch wenn die Rauchfahnen sehr schnell durch den aufkommenden Wind verweht wurden.

Der Rückflug verlief vollkommen ereignislos ähnlich wie der Hinflug.

Doch kaum war die *Fliege* gelandet, da erfuhren sie, dass der Angriff der beiden Kameradenmaschinen sehr erfolgreich verlief.

Zwar konnten die relativ leichten Bomben weiterhin keine vernichtenden Beschädigungen anbringen, doch hatten die französischen Seeleute anscheinend kein Bedürfnis mehr, auf dem Schiff auszuharren. Sie machten zwei Rettungsboote klar und verließen das Schiff. Dies bekam nach kurzer Zeit mehr und mehr Schlagseite und versank dann schließlich in den kalten, stürmischen Fluten des Skagerrak.

*

„Rührt euch!"

Rumms! Schlagartig setzten 15 Männer den linken Fuß vor.

Der Kapitänleutnant überblickte kurz die versammelte Mannschaft der *Landgard,* nachdem er die Meldung von Leutnant zur See Brandt entgegengenommen hatte. Dann holte er tief Luft und richtete das Wort an seine Besatzung, äußerte sich zufrieden über den Zustand des Schiffes und wie man das Schiff wieder seeklar zu machen hatte, da sie Minen im Seegebiet des Skagerrak kurz vor dem schwedischen Hoheitsgebiet zu legen hätten. Die Minen würden in Kürze geliefert und müssten sofort auf das Schiff geschafft werden.

„Besatzung – stillgestanden. Das Schiff klarmachen zum Auslaufen!"

Schon wenige Minuten später kamen die Minenloren auf die Pier gerollt und in stundenlanger, schweißtreibender Arbeit wurden die *Teufelseier* an Bord gekarrt.

Zwei Stunden später machte die *Landgard* wieder einmal die Leinen los und steuerte der offenen See zu. Sie lag deutlich tiefer als sonst, da die Minen ein bedeutendes Gewicht aufwiesen.

Schwer schnaufend kämpfte sich die *Landgard* durch die glücklicherweise ruhige See.

Die Männer auf der Brücke hielten scharf Ausguck, um eventuelle Feindstreitkräfte möglichst früh erkennen zu können. War der requirierte Fischdampfer so schon nur bedingt gefechtstauglich, so wäre eine Auseinandersetzung mit den zwölf Minen an Bord der reinste Selbstmord.

Doch je weiter sie dem Zielgebiet entgegenstrebten, desto unruhiger wurde die See.

Die Dünung wälzte das Schiff von einer Seite auf die andere, überkommendes Wasser warf salziges Gesprüh bis hoch zur Brücke, von wo es von dem mit mittlerweile Stärke Sieben blasenden Wind längsdeck geweht wurde.

Die Männer der aufgezogenen Kriegswache hatten trotz ihres Ölzeugs nun kaum noch einen trockenen Faden am Leib und Horn erging es ebenfalls nicht anders als seinen Kameraden. Er hatte es längst aufgegeben jedes Mal irgendwo Deckung zu suchen, sobald der salzige Regen von vorn herüberwehte – er war nun einmal nass und da machte es kaum noch etwas aus, wie viel Wasser er noch mitbekommen würde.

Und dabei war er noch gut dran, denn seinen jüngeren Kameraden erging es da wesentlich schlechter. Einige von ihnen waren diesen Seegang hier im Skagerrak noch immer nicht gewohnt und schauten mit glasigen Augen umher. Einer hatte sich sogar in eine relativ windgeschützte Ecke zurückgezogen und würgte nur noch still vor sich hin.

„Na, dem werden auch noch die Seebeine wachsen", dachte sich Horn bei dessen Anblick.

„Noch 20 Minuten bis zum Ausgangspunkt. Minen klar zum Werfen!", ließ der Kommandant über einen als Bordübermittler eingeteilten Matrosen zum Achterdeck durchgeben.

Demnach befanden sie sich also schon dicht unter der schwedischen Küste. Horn hatte es bereits am Seegang gemerkt. Die Dünnung war wie immer in Landnähe flacher geworden und die Bewegungen des Schiffes wurden weicher.

Der Obermaat verließ die Gefechtsstation. Als Minenvormann war sein Platz jetzt achtern an der improvisierten Ablaufbühne, wie überhaupt jetzt jede freie Hand an Oberdeck gebraucht wurde. Immerhin waren nun zwölf Minen in zeitlich genau festgelegtem Abstand übers Heck zu rollen und der Weg wurde nach jeder Mine länger.

„Noch zehn Minuten bis zum Ausgangspunkt!"

Das Schiff verlor an Fahrt und drehte auf Wurfkurs. Steuerbord querab sah Horn dicke Gewitterwolken aufkommen.

„Backbord – klar zum Wurf!"

Die Männer rollten die Minen zur Ablaufbühne. Leutnant Brandt, der hier die Aufsicht führte, gab das „Fertig" an die Brücke durch.

„Backbord – wirf!"

Von kräftigen Männerfäusten vorangestoßen, rollte der Sprengkörper samt Ankerstuhl über Bord. In der brodelnden Hecksee sah man die Mine noch einmal hochkommen, bevor sie endgültig versank.

„Steuerbord klar?"

„Ist klar!"

„Steuerbord – wirf!"

Immer abwechselnd an Backbord und an Steuerbord fielen die Minen in den *Teich*, alles genau nach Stoppuhr.

Beinahe eine dreiviertel Stunde lang mühten sich die Männer ab, dann hatten sie ihre explosive Decklast programmgemäß außenbords gebracht und Brandt konnte den BÜ heranwinken.

„An Brücke: Letzte Mine geworfen!"

Der Bordübermittler beeilte sich, die Meldung an den Kapitänleutnant zu übermitteln.

„Horn – lassen Sie wegtreten! Volle Kriegswache!"

„Jawoll, Herr Leutnant!"

Mit langen Schritten eilte der junge Offizier über das schwankende Deck nach vorn und verschwand in der Dunkelheit. Horn wendete sich den Männern zu, die hier die letzte Stunde aktiv gewesen waren und sich jetzt auf dem Achterdeck sammelten.

„So, Leute, das war es. Beide Wachen auf Station – wegtreten!"

Er selbst enterte auf zur achteren Hütte, wo der Obergefreite Fischer gerade die Zwozentimeter wieder sicherte, die er während der Sperrlegung feuerbereit gehalten hatte. Sich umblickend versuchte Horn, in der aufkommenden Dunkelheit etwas zu erkennen, doch mehr als den hellen, schaumigen Kielwasserstreifen konnte er in der Finsternis kaum ausmachen.

Nun drehte die *Landgard* nach Steuerbord und Horn fühlte das Deck hinter sich erzittern, als das Boot rasch Fahrt aufnahm. Wind und Seegang hatten sich soweit beruhigt, dass das Schiff auf dem Rückmarsch auf große Fahrt gehen konnte, ohne Seeschäden befürchten zu müssen.

Aber wie Horn die Heizer kannte, mogelten die immer ein paar Umdrehungen hinzu. *Heimatumdrehungen* nannten sie das. Auch wenn dies bei der betagten Maschinenanlage der *Landgard* gewagt war.

So fuhren sie ungefähr eine halbe Stunde, dann plötzlich merkte Horn, wie die *Landgard* sich in einer Drehung hart nach Steuerbord überlegte. Er musste sich Halt suchend am Bügel der Flak festhalten. Der gebogene Schaumstreifen des Kielwassers zeigte ihm, dass die Kursänderung gut 90 Grad betragen musste.

„Was ist los?", rief er dem Matrosen zu, der als BÜ fungierte.

Dieser rief in einen kleinen Trichter und hielt danach das Ohr an diesen.

Er legte dann die Hände trichterförmig an den Mund und rief gegen den Lärm der hart arbeitenden Maschinen: „Neuer Befehl! Wir sollen eigene Handelsschiffe aufnehmen und sie nach Kiel geleiten!"

Einigermaßen befriedigt über die Auskunft schob Horn die Hände wieder zurück in die Taschen.

Es war bereits tiefste Nacht, als sie den vereinbarten Treffpunkt mit den Handelsschiffen erreichten. Dort war ebenfalls ein deutsches Torpedoboot zur Stelle.

Horn freute sich bereits auf den Landgang in Kiel, doch bis dahin hatte der Feind anscheinend noch eine gehörige Überraschung für die Deutschen parat. Der Verband fuhr in geringer Fahrtstufe Richtung Zielhafen, als der Wind plötzlich das Aufbrüllen schwerer Benzinmotoren herüber trug.

Sofort wurde es beim Torpedoboot lebendig.

Der BÜ brüllte kurz danach zu Horn: „Alaaarm – Schnellboote in Rot eins-fünnef – Entfernung zwölfhundert! Flak Sprenggranaten – Feuererlaubnis!"

Sofort eilten die Matrosen an die 2-cm und die 3,7-cm Flugabwehrgeschütze.

Das Torpedoboot feuerte Leuchtgranaten in die angegebene Richtung.

Und dann waren sie auch schon da – die schnellen Boote der Royal Navy. Gischt aufsprühend rasten sie auf Gegenkurs an der Backbordseite des kleinen Verbandes heran und beharkten die Decks mit ihren Schnellfeuerwaffen.

Trotz des Maschinenlärms konnte Horn ganz deutlich das Hämmern der Maschinenkanonen vernehmen. Er sah die wirbelnden Garben weißer und roter Leuchtspurgeschosse, die rasend schnell auf ihn zuflogen und dann mit hellem Krachen irgendwo im Boot einschlugen oder ins aufgewühlte Wasser zischten.

Horn riss den Spannhebel seiner Zwozentimeter C/30 durch, die Fischer bereits heruntergekurbelt hatte, packte fest die beiden Griffe und visierte die heranstiebenden Gischtwolken an.

Die Kette der Leuchtspurgeschosse fegte im Bogen über die See und senkte sich in den Kurs des zweiten Angreifers, der so schnell nicht ausweichen konnte und genau in die feurige Bahn hineinraste.

„Jaaa, los doch – gib es ihm!"

Fischer stieß einen wilden Triumphschrei aus, als er sah, wie die Garbe über das Deck des

*Motor Gun Boats* spritzte. Eine weitere Leuchtspurkette fraß sich in den Rumpf des Gegners, aus dem die Sprenggranaten ganze Stücke heraustanzten. Hinter den gezackten Löchern der Einschüsse loderte es orangerot auf. Der Fahrtwind fachte das durch die Geschosse entzündete Feuer noch weiter an und dann war das Motortorpedoboot nur noch ein gespenstisch anzusehendes Flammenbündel, das mit circa 30 Knoten durchs Wasser raste und in das unerbittlich immer noch die 2-cm Geschosse hineinhämmerten.

Horn ließ erst vom Gegner ab, als Fischer das leer geschossene Magazin herausriss und ein neues hinein schob.

Zielwechsel.

Er riss die Waffe nach vorn in Fahrtrichtung, aus der weitere Schnellboote feuerspeiend näher kamen. Sie schossen mit allem, was sie hatten – und das war nicht gerade wenig.

Die Leuchtspurbahnen ihrer 20-Millimeter Oerlikons und der 12,7-Millimeter Vickers-MGs rasten wie Sternschnuppen auf das Torpedoboot und die *Landgard* zu. Sie prasselten über Decks und Aufbauten. Horn zog unwillkürlich den Kopf ein, als eine Garbe am Splitterschutz ihres Geschützes abprallte und jaulend in die Höhe spritzte.

Sein Visier zeigte nach Backbord voraus auf einen der niedrigen, heranjaulenden Schatten, als dieser plötzlich hart nach Backbord abdrehte und wenige Meter vor dem Bug des voraus laufenden Torpedobootes vorbeipreschte. Dabei flogen tonnenähnliche Körper über Bord.

„Verdammt – der schmeißt ja Wasserbomben!"

Mit geringster Tiefeneinstellung versehen, detonierten sie vor und unter dem Vorschiff des Torpedobootes. Mit ohrenbetäubendem Krachen hob sich dort die See. Das Torpedoboot verschwand in einer hohen Wand aus Gischt und Wasser – und mitten hinein fetzten die Garben des Schnellbootes, das jetzt die Steuerbordseite unter Beschuss nahm.

„Da vorn – da kommt er!"

Der Obermaat hörte den Schrei seines Kameraden, ohne dass ihm die Worte ins Bewusstsein drangen. Seine ganze Konzentration galt dem heranstürmenden Gegner, den eine am Himmel hängende Leuchtgranate in gletscherfarbenes Licht tauchte.

Als der Rückstoß seinen in die halbrunden Schulterstützen gestemmten Oberkörper schüttelte, wurde ihm bewusst, dass er feuerte. Verbissen hielt er die Waffe im Ziel, ließ den Bug des Angreifers nicht mehr aus dem Kreiskorn und jagte den ganzen Magazininhalt in das vorbeidonnernde Schnellboot.

„Er brennt – er brennt!"

Begeistert schlug ihm Fischer auf die Schulter. Hochblickend sah Horn das getroffene Boot achteraus in einer Wolke aus Gischt und Qualm verschwinden.

„Feuer einstellen!", rief Leutnant Brandt.

Jetzt erst merkten die beiden, dass das Gefechtsfeld leer und ihr Schiff langsamer geworden war. Nur das aufgewühlte, schäumende Wasser und darin treibende Wrackteile zeugten davon, dass hier noch vor wenigen Sekunden ein mörderischer Kampf stattgefunden hatte. Aufatmend schob Horn seinen Stahlhelm in den Nacken und wischte sich mit dem Ärmel über das schweißnasse Gesicht.

„Was ist denn mit dem Torpedoboot los?"

Aufgeregt deutete Fischer auf das deutsche Torpedoboot, das querab im Kreis lief. Mit hoher Fahrt drehte es Vollkreise – und das bei Hartruderlage. Dabei krängte es so stark nach außen, dass die achteren Bulleyes unterschnitten.

„Ruderschaden!", vermutete der Obermaat.

„Der hat wahrscheinlich noch versucht, den Wasserbomben auszuweichen und die haben ihm dann das Ruder in Hartlage festgeklemmt. Aber jetzt wird er schon langsamer!"

Tatsächlich sank die Bugwelle in sich zusammen. Das Boot richtete sich wieder auf, kam mit rückwärts drehenden Schrauben zitternd zum Stehen. In der Brückennock blitzte die Klappbuchse auf.

„*E-R-B-I-T-T-E H-I-L-F-E*", buchstabierte Horn, dem das Morsealphabet noch halbwegs geläufig war.

„Dann hat es die Kameraden aber anscheinend böse erwischt!"

Horn beobachtete, wie eines der Handelsschiffe heranmanövrierte, Fender ausbrachte und dann vorsichtig bei dem Havaristen längsseits ging.

Das Torpedoboot hatte es tatsächlich schwer erwischt. Wie schwer, das erfuhren die Männer der *Landgard* erst, als sie schließlich, anstatt wie vorgesehen in Kiel, in Aalborg festmachten. Mit einem schwer beschädigten Torpedoboot, geschleppt von einem Handelsschiff und einem umgebauten Fischereiboot als Geleitschutz war die Fahrt bis Kiel der Führung anscheinend zu riskant.

Sankas standen schon auf der Pier bereit. Sanitäter und weißgekleidete Ärzte kamen im Laufschritt an Bord, kaum dass die Stellung ausgebracht war. Es dauerte auch nicht lange, dann verließen die Sanis das Boot wieder – immer paarweise, zwischen sich die

Tragen mit den Verwundeten. Stöhnende, wimmernde Bündel in blutdurchtränkten Verbänden, die nur noch wenig von ihrem sterilen Weiß sehen ließen.

Andere wiederum lagen ganz still auf der Trage, eingehüllt in eine Decke oder in ein Laken, das auch das Gesicht bedeckte. Sie konnten nicht einmal mehr stöhnen – sie konnten gar nichts mehr!

Erschüttert wandte sich Horn ab. Er hatte aufgehört, die zu zählen, die still von Bord getragen wurden.

Es waren zu viele.

„Tja, Horn, so ist das", Leutnant zur See Brandt war neben ihn getreten und reichte ihm eine Zigarette.

„Die Tommies beharkten die Kameraden von beiden Seiten und warfen ihnen dann auch noch Wasserbomben vor den Bug. Dass dabei deren Kiel nicht zum Teufel gegangen ist, grenzt beinahe an ein Wunder. Und wie das Boot im Allgemeinen aussieht, das sehen Sie ja selbst."

Horn ließ seinen Blick schweifen. Bordwand, Aufbauten – alles regelrecht perforiert und verbogen.

„Soweit ich weiß, ist beinahe die komplette Oberdecksbesatzung ausgefallen. Da müssen die Tommies mit jedem MG und jeder Schnellfeuerkanone wenigstens ein Magazin hineingerotzt haben. Aber so ist das nun mal im Krieg. Diesmal waren es die Kameraden – wer weiß, wer der nächste ist?"

Horn und Brandt inhalierten tief den Rauch der Zigaretten und Horn nickte dem Offizier betreten zu. Düstere Gedanken machten sich in ihm breit.

Der junge Leutnant hatte recht. Noch wusste niemand, wer der nächste sein würde, aber diesen würde es ganz sicherlich geben.

*

Leutnant Rahmen konnte sein Unglück kaum fassen.

Die beiden deutschen Flieger saßen schon beinahe im Urlauberzug nach Hause, doch dann platzte die Meldung des deutschen Angriffs an der Westfront in den Seefliegerhorst Nest und alle Pläne wurden über den Haufen geworfen. Die Besatzungen der Küstenfliegerstaffeln wurden allesamt alarmiert – Urlaubssperre! Die Kameraden, die bereits im Urlaub waren, wurden wieder zurückgeholt!

Angespannt saßen die Besatzungen am *Volksempfänger* und lauschten den ersten Meldungen. Was die Männer vernahmen, klang alles durchweg positiv, doch Rahmen war weiterhin skeptisch. Er empfand es als äußerst riskant an der Westfront anzugreifen, obwohl *Weserübung* noch gar nicht abgeschlossen war.

Nun waren sie wieder einmal auf einer Patrouille über den Weiten des Skagerrak und hielten die Augen offen nach dem Feind, nach Kriegsschiffen, Unterseebooten oder Versorgungsschiffen für die Truppen der Alliierten, welche noch immer in Norwegen standen und den deutschen Truppen das Leben schwer machten.

„Ich sah mich schon in meinem gemütlichen Bett bei meinen Eltern in Halle liegen und hausgemachte Paprikaschoten essen", meldete sich Unteroffizier Schmidt durch die Bordsprechanlage. „Ich konnte die gut gewürzten und angenehm scharfen Schoten bereits schmecken. Muttern macht die besten!", jammerte er weiter.

Rahmen konnte den jungen Flieger verstehen. Daher stimmte er in die traurige Melodie mit ein.

„Ja, Schmidtchen. Das kann ich gut verstehen. Ich sehne mich auch nach dem eigenen Bett und bei meinen Eltern würde ich auch wieder einmal vorbeischauen. Gefühlt ist es schon eine Ewigkeit her, dass ich sie das letzte Mal gesehen habe. Natürlich hätte ich die Gelegenheit auch nicht verstreichen lassen, mich das ein oder andere Mal zum Essen einzuladen. Doch statt der von Ihnen angehimmelten Paprikaschoten schwöre ich auf unsere heimischen Königsberger Klopse! Da geht kein Gericht der Welt drüber."

Einige zeitlang tauschten sich die beiden über die jeweilige regionale Küche aus, konnten aber keinen Konsens finden. Jeder der beiden schwur auf die eigenen Leibgerichte.

*„Hummel* an *Fliege"*, knarzte es plötzlich aus den Kopfhörern des Funkgerätes.

Rahmen und Schmidt waren sofort wieder hellwach und konzentriert.

„In zehn Minuten ist Wendepunkt in Planquadrat AO 19 erreicht – danach Kurs Südwest – Hanni 5.000 – Frage Viktor?"

„Viktor", bestätigte Rahmen die Durchsage.

Noch zehn Minuten flogen die beiden Arado 196 stur den vorgegebenen Kurs, ohne dass die beiden Maschinen etwas Auffälliges entdeckten.

Wenige Momente später sah Schmidt III, wie die seitlich versetzt vor ihnen fliegende *Hummel* zu einer weiten Kurve ansetzte, um den vorgeschriebenen Kurs einzuschlagen.

Wiederum flogen sie ohne besondere Vorkommnisse Kurs Südwest und Schmidt ließ die Ar 196 um 1.000 Meter auf die befohlenen 5.000 Meter steigen. Die beiden Maschinen hatten einen Abstand von ungefähr 200 Meter eingenommen. Wieder flog die *Hummel* ungefähr 100 Meter vor der *Fliege* von Leutnant Rahmen und Unteroffizier Schmidt.

Beide hielten angestrengt die Augen offen, konnten aber auf der weiten Wasserfläche nicht das Geringste erkennen.

Also setzten die beiden deutschen Schwimmerflugzeuge ihren Kurs fort.

„*Hummel* an *Fliege* – unbekanntes Objekt bei 330 Grad – Hanni 5.000 – Frage Viktor?", kam es wieder blechern aus den Kopfhörern der beiden Flieger.

Sofort flogen die Köpfe von Schmidt und Rahmen in die angegebene Richtung.

Der Leutnant strengte sich an, doch er konnte nichts erkennen.

Unteroffizier Schmidt meinte dann: „Ja, ich glaube, ich sehe etwas. Ganz undeutlich. Meine Herren, Oberleutnant Krüger hat aber auch Augen wie ein Adler!"

Rahmen konnte noch immer nichts erkennen, aber gab die Bestätigung an die *Hummel* durch.

Sofort sprachen sich die beiden Besatzungen ab, wie sie sich am besten dem unbekannten Flugzeug nähern und zwar so, dass sie nach Möglichkeit nicht erkannt wurden.

Die *Fliege* sollte auf 6.500 Meter steigen und sich etwas von links seitlich versetzt auf den Unbekannten zubewegen. Die *Hummel* stieg auf 6.000 Meter und würde sich von rechts nähern.

So hoffte der Oberleutnant, dass sie den möglichen Gegner ungesehen in die Zange nehmen konnten, um im besten Fall einen Abschuss zu erzielen.

Doch in dieser Höhe war die Leistung des BMW 132 K nicht mehr sonderlich hoch. Da sie sich jedoch beinahe auf Gegenkurs zum Flugzeug befanden, welches sich immer genauer aus dem Dunst herausschälte, verringerte sich der Abstand jedoch zügig.

Schmidt erkannte, dass das unbekannte Flugzeug bedeutend größer war, als ihre Arado. Auch hatte es ein sehr auffälliges Doppelleitwerk und zwei Motorgondeln.

Anscheinend wurden sie selbst aber noch nicht entdeckt, denn der Gegner – um den es sich wohl handeln musste, denn die Silhouette entsprach keinem deutschen Flugzeug – flog weiterhin stur auf seinem Kurs.

Wieder wurden Einzelheiten abgesprochen, wie die beiden deutschen Flugzeuge vorgehen wollten. Wenn sie den Feind überraschen konnten, hatten sie gute Chancen den Gegner abzuschießen.

Da die *Hummel* näher m näher am Briten war – denn endlich konnten sie die Kokarden erkennen – sollte diese als erstes angreifen. Sie senkte nun die Frontpartie und stürzte sich auf die Feindmaschine. Kurz darauf machte Schmidt das gleiche.

Durch die Überhöhung wurde die Annäherungsgeschwindigkeit immer höher und schon blitzten die Leuchtspuren der *Hummel* dem Feind entgegen. Der Fahrtüberschuss der *Fliege* war noch größer und so konnte Schmidt das Feuer kurz nach der *Hummel eröffnen* ern n eröffnen.

Die Leuchtspurketten der beiden MG FF und des starr eingebauten MG 17 im Vorderrumpf von *Hummel* und *Fliege* jagten auf den britischen Aufklärer zu. Die erste Garbe der *Hummel* ging knapp vorbei, erfasste den Briten jedoch noch und schlug in die rechte Seite der Pilotenkanzel ein.

Schmidts Garbe lag besser und erfasste die linke Motorgondel des Feindflugzeugs. Als die beiden Schwimmerflugzeuge an der Feindmaschine vorbeistürzten, nutzten die beiden Beobachter die Gelegenheit und feuerten mit ihren MG 15 ebenfalls auf den Briten. Der britische Aufklärer, eine Armstrong Whitworth Whitley, kippte nun nach rechts unten weg. Aus dem linken Motor kräuselte weißlicher Rauch. Die beiden Arado nutzten den übrigen Fahrtüberschuss aus dem Sturz, um wieder an Höhe zu gewinnen. Der Brite machte keine Anstalten in die Tiefe zu gehen. Der Flugzeugführer zwang stattdessen seine beschädigte Maschine in eine enge Kehrtwende, um zu entkommen.

Die deutschen Ar 196 waren wieder gut 1.000 Meter über dem Briten, hatten jedoch einen deutlichen Abstand zum feindlichen Aufklärer. Nun machten sich die maximal 320 Kilometer pro Stunde der Schwimmerflugzeuge negativ bemerkbar, trotz der Höhe, die in einem leichten Sturzwinkel aufgegeben wurde, um die eigene Geschwindigkeit zu erhöhen. Dennoch dauerte es quälend lange, bis sich die Deutschen der britischen Maschine wieder langsam annähern konnten.

Nun ließ der britische Flugzeugführer seine Maschine jedoch ebenfalls nach unten wegslippen und konnte durch den Fahrtgewinn wieder an Distanz gewinnen. Doch allzu viel an Höhe konnte der Brite nicht aufgeben.

Zu allem Übel schien der getroffene Motor nun Probleme zu machen. Der weiße Qualm verfärbte sich mehr und mehr – wurde immer dunkler.

Der Brite verlor merklich an Geschwindigkeit, so dass sich die deutschen Maschinen wiederum langsam heranpirschen konnten.

Die feindliche Maschine versuchte es nun mit Ausweichbewegungen, doch davon ließen sich die Ar 196 nicht beeindrucken.

Als die deutschen Flugzeuge endlich nahe genug heran waren, um das Feuer zu eröffnen, machten sie unangenehme Bekanntschaft mit dem Heckturm des britischen Aufklärers. Der Heckschütze feuerte in kurzen Abständen aus seinen vier 7,7-Millimeter Browning Maschinengewehren auf die beiden angreifenden Maschinen.

Sofort wich die *Fliege* nach oben und die *Hummel* nach unten aus. So konnte sich der Heckschütze nur auf eine der deutschen Maschinen konzentrieren. Der britische Schütze entschied sich für die *Fliege*. Rahmen vernahm das Prasseln von Geschossen, die in die Arado einschlugen.

Oberleutnant Krügers Maschine nutzte nun die Gelegenheit und die *Hummel* feuerte mit den 2-cm Maschinengewehren auf den angeschlagenen Briten. Die Geschosse zersiebten den Rumpf von unten, doch auch dies schien den Aufklärer nicht sonderlich zu beeindrucken, denn er setzte seinen Kurs weiterhin fort.

Schmidt ließ die Arado nun nach rechts auswandern, um aus dem Schussbereich der Whitley zu kommen.

Die *Hummel* setzte ihren Angriff fort und bestrich nun den hinteren Rumpf.

Plötzlich stellte der Heckschütze das Feuer ein und die vier Rohre der Browning-MGs hingen schräg nach unten.

Nun war es Schmidt, der zum Angriff ansetzte. Da er durch das Ausweichen wiederum in einer überhöhten Position war, konnte er von oben die Pilotenkanzel mit den beiden MG FF bestreichen.

Der Unteroffizier konnte erkennen, wie die Geschosse einschlugen und große Löcher in der Verkleidung hinterließen.

Anscheinend hatte dies nun endlich die gewünschte Wirkung, denn der Aufklärer verlor weiterhin an Höhe. Lange konnte es nicht mehr dauern, bis er die Wasseroberfläche berührte.

Die beiden deutschen Maschinen stellten ihre Angriffe ein und begleiteten in sicherem Abstand die feindliche Maschine.

Nach wenigen Minuten stob eine enorme Gischtwolke in die Höhe und zeigte an, dass der Aufklärer die Wasseroberfläche erreicht hatte. Die Maschine tauchte mit dem Bug ein, einzelne Teile flogen weg und die Armstrong Whitworth Whitley schwamm auf dem Wasser.

Die Arados kreisten um die Absturzstelle und konnten erkennen, dass drei Mann der Besatzung ausstiegen und sich an einem aufblasbaren Rettungsboot zu schaffen machten.

„*Hummel* an *Fliege*: Beabsichtige neben dem Rettungsboot zu landen, um Notration zu übergeben – geben Sie Koordinaten über offene Frequenz weiter – Frage Viktor?"

„Viktor!", gab Rahmen kurz zurück und meldete nun die Koordinaten der Absturzstelle unverschlüsselt und über offener Frequenz an die deutschen Seenotdienste durch, mit dem Wissen, dass auch die Alliierten sowie neutrale Stellen dies hören konnten. Somit hoffte der Leutnant, dass die drei Überlebenden gerettet werden konnten.

Nachdem Leutnant Krüger beide Notfallrationen, zusätzliche Schwimmwesten sowie eine Karte an die Briten übergeben hatte, setzte sich die Arado wieder in Bewegung und hob schließlich von der Wasseroberfläche ab.

Ein Blick auf die Instrumententafel zeigte den beiden deutschen Flugzeugführern, dass es höchste Zeit war, wieder Richtung Seefliegerhorst Nest aufzubrechen.

*

„An alle Stellen: 19 Uhr seeklar!"

Knackend erwachten die Lautsprecher zum Leben und schickten die blechern verzerrte Stimme Leutnant zur See Brandts durch die Decks. Die Männer an den Tischen hoben die Köpfe und blickten sich über ihre halbvollen Teller hinweg gereizt an.

„Verdammte Sauzucht! Wieder mal keine ruhige Nacht."

Eigentlich nichts Neues für die Männer der *Landgard*, aber dennoch nicht sehr beliebt. Der fehlende Schlaf konnte ja dann mit viel Glück und dem Wohlwollen der Royal Navy und der Royal Air Force tagsüber nachgeholt werden.

Nach ihrem letzten Einsatz – der Begleitung der deutschen Handelsschiffe – wurden sie, nachdem sie wieder in Skagen angekommen waren, sofort zur Ruhe geschickt. Jeder von ihnen zog das nasse Zeug vom Leib und suchte seine Koje oder Hängematte auf. In Skagen gab es noch keine Schlafbunker wie zum Beispiel in Flensburg, Bremen, Kiel, oder Wilhelmshaven. In Skagen blieb die Besatzung an Bord und suchte auf dem Schiff Ruhe.

19:00 Uhr

Ungeduldig zerrte das Schiff an seinen Trossen, die bei jedem ablandigen Windstoß steif kamen.

Alle Landverbindungen waren bereits gekappt.

Die *Landgard* war seeklar.

„Alles los achtern!"

Die Spring wurde losgeworfen und klatschte ins Wasser, Quer- und Achterleine folgten.

„Holt ein, Jungens – packt ordentlich zu!", rief Leutnant Brandt den Matrosen zu.

Das Deck zitterte, als das Schiff mit den Maschinen anging und sachte in die Vorspring eindampfte, die wie ein Hebelarm das Heck nach außen drückte.

„Stopp beide! Alles los vorne – Backbord langsam zurück, Ruder hart Steuerbord!", kommandierte der Kapitänleutnant auf der Brücke zum Steuermann.

Erneut schüttelte sich das Deck, schaumiges Wasser schoss brodelnd unter dem Heck hervor.

Langsam zog die äußere Schraube das Boot zurück, bis es gut frei von der Pier war.

Wenig später hatte die *Landgard* den Hafen verlassen. Im Kielwasser folgten noch ein weiteres requiriertes, ehemals ziviles Schiff und zwei Torpedoboote.

Die vier Schiffe steuerten nun vier große Frachter an, die auf der Reede an ihren Ankerketten schwojten. Die großen Schiffe waren offenbar schwer beladen, denn sie lagen bis zur Freibordmarke im Wasser.

„Die sind anscheinend schon länger unterwegs gewesen", stellte Brandt beim Anblick der rostigen Bordwände fest, die von der ursprünglichen Farbe nicht mehr viel erkennen ließen.

„Das sind Blockadebrecher. Kommen über die Nordostpassage aus Japan, habe ich mir sagen lassen! Die machen hier nur Halt, um dann die letzte Etappe bis zur Heimat zu unternehmen."

Brandt schaute Horn verwundert an.

„Und das wissen Sie natürlich ganz genau?"

Der Obermaat nickte fleißig, aber Brandt blieb skeptisch.

Doch er konnte die Aussage Horns nicht ganz verwerfen, denn das Erscheinungsbild der Frachter sprach für sich.

„An alle Stellen – die vier Frachter haben kriegswichtige Ladung an Bord und müssen daher unter allen Umständen durch den Skagerrak und die Deutsche Bucht nach Wilhelmshaven gebracht werden – beide Kriegswachen auf Station!"

„Na, bitte, ich hab's ja gesagt!"

Mit einem triumphierenden Blick auf Brandt enterte Horn ab, wobei ihn der böige Wind fest gegen die eiserne Leiter presste. Überhaupt hatten die Böen an Stärke zugenommen. Sie peitschten über die Reede, wirbelten das Wasser auf und zerrten wütend an den Aufbauten der Schiffe. Die Luft war feucht, fast schon nass und sie roch nach Salz.

Ein Vorgeschmack dessen, was sie draußen im Skagerrak erwarten würde.

Die Borduhr zeigte 19:30 Uhr.

Auf den vier Dampfern kreischten die Winden und zogen die Anker aus dem Grund. Dicke Rauchwolken quollen aus den langen Schloten und langsam, mit der ihnen eigenen Ruhe, setzten sich die Frachter in Bewegung und folgten einem Torpedoboot, das sich an die Spitze des Verbandes gesetzt hatte.

Ein Flaggensignal wies der *Landgard* und dem zweiten ehemaligen zivilen Schiff an, die Flankensicherung zu übernehmen. Das zweite Torpedoboot bildete den Schluss.

So gestaffelt ging das Geleit in See – eine See, die rau und stürmisch war. Wind und Seegang steigerten sich immer mehr und machten den Geleitschiffen schwer zu schaffen. Mühsam wühlten sie sich voran, schlingerten und stampften entsetzlich und waren zeitweilig völlig in Wolken von Gischt verschwunden.

Der Wind heulte in einem stetigen, hohen Ton, der sich in fast rhythmischen Abständen zu einem schrillen Pfeifen überschlug – bevor er wieder zu seinem alten Heulen zurückfand.

Die Geschützbedienung der 3,7-cm Flugabwehr kam zur achteren Hütte heraufgestiegen. Dort gab es zwar auch nicht mehr Schutz vor Wind und Wetter, doch die Gefahr über Bord gespült zu werden war deutlich geringer. An einen Waffeneinsatz war bei diesem Sauwetter ohnehin nicht zu denken.

Der Matrosengefreite Möller hangelte sich als letzter die Leiter hoch, wobei er sich krampfhaft festhalten musste, als das Boot nach Backbord krängte. Im nächsten Augenblick holte es so stark nach Steuerbord über, dass es für den Matrosengefreiten kein Halten mehr gab. Er wurde durch die Rollbewegung förmlich über die Plattform katapultiert und wäre zweifellos über die Reling geflogen, hätten ihn im letzten Augenblick nicht ein paar kräftige Fäuste gepackt und den unfreiwilligen Flug Möllers gestoppt.

„Wie auf einer Schiffsschaukel!", brüllte Obermaat Horn ihm ins Ohr.

„Hat auch sein Gutes – keine Schnellboote!"

Möller musste ebenfalls schreien, um sich verständlich zu machen. Und er bekam den Mund gerade noch rechtzeitig zu, bevor die nächste Gischtwolke längsdeck gefegt kam und der heulende Wind das Spritzwasser schmerzhaft in die Gesichter der Männer peitschte – rote Gesichter, in denen sich um die Lippen und in den Augenwinkeln bereits Salzkrusten bildeten.

Keiner der Männer hatte noch einen trockenen Faden am Leib. Das Wasser war überall – innen – außen – durch jede noch so kleine Naht drang es ein und bahnte sich seinen Weg durch das Ölzeug bis auf die Haut und natürlich in die Seestiefel, die bei jedem Schritt überschwappten – nur, um mit dem nächsten Guss gleich wieder gefüllt zu werden.

Bei so einem Wetter verwunderte es niemanden, dass sie bisher keinerlei gegnerische See- oder Luftstreitkräfte zu Gesicht bekommen hatten.

Sie hatten bereits ein gutes Stück hinter sich gebracht, waren jedoch noch lange nicht am Ziel. Noch mehrere Stunden mussten sich die Boote durch eine See quälen, die selbst den großen und schweren Frachtern zu schaffen machte.

Dann endlich hatten sie es geschafft. Für die weitere Sicherheit der Dampfer bis zur Deutschen Bucht war dann eine Gruppe Minensucher einer Minensuch-Flottille verantwortlich. Diese waren bereits ausgelaufen und übernahmen die vier Handelsschiffe in der Höhe von Sylt.

„Na, endlich."

Erleichtert nahm Horn den Südwester an und wischte sich das Salzwasser aus dem Gesicht, als das ekelhafte Schlingern nachließ und die *Landgard*, das zweite Geleitboot sowie die Torpedoboote den Hafen ansteuerten. Die stundenlange Sturmfahrt war auch an ihm nicht spurlos vorübergegangen – Kälte, Nässe, nichts Warmes im Bauch und keine Möglichkeit, aus den nassen Klamotten herauszukommen. Er war geschafft wie alle anderen auch.

„Los, Leute, auf geht's! Abwärts."

Horn scheuchte die Männer an die Geschütze, wobei seine Sorge weniger der momentanen Gefechtsbereitschaft galt als vielmehr den erlittenen Seeschäden. Schließlich wären die Geschütze der *Landgard* nicht die ersten, deren Verschlüsse durch stundenlang überkommendes Salzwasser fest gerostet wären.

„Freiwache an Steuerbord antreten!"

Leutnant zur See Brandt ließ die Männer antreten, die nach dem Festmachen die Kameraden unter Deck ablösen sollten. Er holte tief Luft, stand dabei breitbeinig auf der Schiene für die Minen, die bei entsprechenden Einsätzen dort gelagert wurden, als unvermittelt das Verhängnis über die Schiffe hereinbrach.

Plötzlich stießen Bomber aus einer Wolkenlücke – übergangslos, wie aus dem Nichts!

Donnernd stießen sie herab und jagten mit brüllenden Motoren auf die Boote zu. Rasend schnell passierte alles. Bevor überhaupt jemand reagieren konnte, torkelten die Bomben aus dem Bauch der Maschinen.

Schon waren die Zweimotorigen über ihnen.

„Schnell, Mensch! – Dreh doch hoch!"

Mit einem Satz war Horn an die Zwozentimeter gesprungen und richtete das Visier in die Flugbahn der abfliegenden Maschine, während Fischer wie wild die Spindel hochdrehte. Fast schon auf den Knien liegend, betätigte Horn den als Drehgriff ausgebildeten Abzug und spürte gerade noch die harten Rückschläge, als die Bomben krepierten.

Direkt beim Aufschlag auf das Wasser gingen sie hoch – an Steuerbord, dicht an der Bordwand des zweiten begleitenden ehemaligen Zivilschiffes.

Ihre Wirkung war furchtbar.

Der Luftdruck der Explosion traf das Schiff mit voller Wucht, warf es förmlich aus dem Kurs. Die *Landgard* hatte Mühe auszuweichen, damit es nicht zu einem Zusammenstoß kam.

Die Außenhaut des Schiffes flatterte und drückte sich nach innen, bevor sie von dem Stahlhagel der scharfzackigen Sprengstücke an unzähligen Stellen aufgerissen wurde.

Einige der angetretenen Kameraden erwischte es ebenfalls, da sie in diesem Moment ohne Deckung waren. Doch dies war nichts im Vergleich zu den Kameraden auf dem zweiten Schiff. Dort wurden mehrere Männer durch die glühenden Bombensplitter regelrecht niedergemäht.

Mit schweren und schwersten Rückenverletzungen wälzten sich die Kameraden im Blut, das sich auf den nassen Planken ausbreitete.

Horn sah dies alles auf dem nur wenige Meter entfernten Schiff.

Er registrierte in diesem Augenblick gar nicht, dass sein Kamerad Fischer ebenfalls zusammengebrochen vor ihm lag.

Doch dann sah er, wie der Kamerad ihn mit weit aufgerissenen Augen anstarrte.

„Mensch, Horn, ich habe gar kein Gefühl mehr im Unterkörper!", stöhnte Fischer.

Er griff nach der Reling und versuchte sich aufzurichten. Doch seine Beine versagten den Dienst – sie gehorchten ihm nicht mehr – schliffen nur noch über das Deck.

Horn war von diesem Anblick geschockt. Er erinnerte sich, dass Fischer ebenfalls mit dem Rücken nach Steuerbord gestanden hatte, als die Bomben detonierten.

Eine schreckliche Ahnung stieg in ihm hoch. Mit fliegenden Fingern riss er dem stöhnenden Kameraden die Schwimmweste vom Leib, machte den Rücken frei

– dann sah er die furchtbare Wunde – direkt über dem vierten Lendenwirbel.

Eine weißliche Flüssigkeit quoll heraus!

„Meine Beine! Ich spür sie nicht mehr! Hab kein Gefühl darin!", keuchte Fischer und krallte sich verzweifelt mit seinen Fingern in den Arm seines Kameraden Horn.

„Es ist alles wie tot! Erschieß mich doch – mach Schluss – ich will so nicht leben!"

Erschöpft sank er zurück, die verkrampften Finger lösten sich.

Erschüttert und mit Tränen in den Augen deckte Horn die grässliche Wunde ab. Mehr konnte er im Augenblick nicht für Fischer tun. Aber er konnte sich um die anderen Kameraden kümmern, die ebenfalls Opfer des Bombenangriffs geworden waren. Fischer wurde von zwei Hilfssanitätern unter Deck gebracht.

Die *Landgard* setzte sich neben das stillstehende Schwesterboot. Taue wurden hinübergeworfen und die beiden Schiffe miteinander vertäut.

Danach setzten mehrere Kameraden hinüber. Auch Horn war mit dabei.

Entschlossen sprang er an Oberdeck und machte sich an die Erstversorgung der Verwundeten. Wie auch jeder verfügbare Mann half er, wo er konnte. Sogar einige Leichtverwundete bissen die Zähne zusammen, schleppten Verbandsmaterial heran und betreuten ihre schwerverletzten Kameraden. Obwohl kaum einer der Seemänner auf einem Sanitätslehrgang gewesen war, machten sie instinktiv das Richtige.

„Gratuliere, Horn, hast ihn doch noch erwischt!"

Leutnant zur See Brandt, der ebenfalls mit zum Kameradenboot geentert war, klopfte ihm anerkennend auf die Schulter und zeigte mit dem Finger Richtung Küste.

Dort stieg eine dunkle Rauchsäule in die Höhe, wo der Bomber aufgeschlagen sein musste.

Also kam der Feind auch nicht ungeschoren davon.

Wenn er auch keine Freude über den Abschuss empfand, so doch wenigstens Genugtuung.

Als die beiden Schiffe langsam wieder Fahrt aufnahmen und die Männer zurück auf der *Landgard* waren, steuerten sie nach einer halben Stunde die Pier an. Das Kameradenboot wies eine starke Schlagseite auf. Aus lecken Tanks floss Heizöl ins Wasser, der ablandige Wind blies den beißenden Dunst über das Deck und machte das Atmen zur Qual.

„Klar zum Manöver! – Anlegen an Steuerbordseite!"

Die Stimme des Kommandanten schallte aus den Lautsprechern, jedoch nicht so klar wie sonst, sondern abgehackt, gepresst. Auch er war von den Geschehnissen gezeichnet – leitete jedoch eisern das Anlegemanöver.

Die herbeieilenden Sanitäter und Ärzte schafften insgesamt 14 Männer von den beiden Schiffen.

*

Leutnant Rahmen und Unteroffizier Schmidt III waren wieder einmal über dem Skagerrak unterwegs. Anstatt ihres wohlverdienten Heimaturlaubs hatten die beiden nach dem Abschuss der Armstrong Whitworth Whitley lediglich zwei Tage dienstfrei bekommen. Doch auch diese zwei Tage waren alles andere als ereignislos für die Küstenfliegerstaffel, zu der die *Fliege* gehörte.

Seitdem der Westfeldzug begonnen hatte, war auch die Aktivität rund um Norwegen enorm angewachsen und somit auch im Bereich des Skagerrak. Die Küstenflieger konnten mehrere Aufklärungsflugzeuge, Minenleger und Unterseeboote aufklären und teilweise angreifen.

Doch kam es auch zu bedauerlichen Verlusten. So wurde eine Ar 196 durch Flugabwehrwaffen eines britischen Schiffes angegriffen und schwer beschädigt. Mit letzter Mühe gelang es der Besatzung, die Küste Dänemarks zu erreichen. Zwei weitere Arado wurden von schwedischen Zerstörern beschossen, als sie versehentlich in schwedisches Hoheitsgebiet gelangten. Beide Maschinen mussten in Schweden notlanden und wurden interniert.

Eine weitere Maschine galt seit gestern als vermisst.

Durch diesen Aderlass waren Rahmen und Schmidt heute wieder einmal allein unterwegs.

Innerlich verfluchte Rahmen gerade den Krieg, Gott und die Welt. Dementsprechend war seine Laune auch nicht die beste. Unteroffizier Schmidt hingegen schien heute vor guter Laune überzusprühen.

„Mensch, Schmidt, was ist denn heute mit Ihnen los? Was verschafft Ihnen denn bitteschön solch eine gute Laune?", fragte der Leutnant interessiert und gleichzeitig verwundert.

Leider konnte der Offizier das breite Grinsen des Flugzeugführers nicht sehen, denn das ging über das ganze Gesicht des jungen Mannes.

„Nun, Herr Leutnant, eigentlich wollte ich es nicht sagen, aber ich habe mich in den letzten zwei Tagen mit einem jungen Mädel getroffen – sie ist Dänin."

Rahmen schlug sich hörbar mit der flachen Hand auf den rechten Oberschenkel.

„Ha, deshalb waren Sie in den letzten Tagen kaum zu sehen. Mensch, Schmidt, hatte mich schon gewundert – aber ich freu mich für Sie!"

„Danke, Herr Leutnant, ich hatte sie in einem kleinen Café in Aalborg gesehen, als ich unterwegs war, um irgendwas Schickes für meine Eltern zu holen, wenn wir irgendwann mal unseren Heimaturlaub antreten dürfen. Ich nahm meinen ganzen Mut zusammen und sprach sie an – zum Glück spricht sie gut Deutsch."

Der junge, scheinbar bis über beide Ohren verliebte Unteroffizier schwärmte weiter von seiner neuen Bekanntschaft und verriet seinem Vorgesetzten noch einige Details über die junge Dänin.

Die beiden Männer merkten dadurch nicht sofort, dass sie gefährlich nahe zur schwedischen Küste abschweiften.

Doch den beiden schwedischen Zerstörern der Ehrensköld-Klasse, welche gerade auf Patrouillenfahrt waren, entging die einsame, näherkommende Arado indes nicht.

Kaum überflog die Ar 196 die gedachte Grenzlinie nach Schweden, da eröffneten die beiden Zerstörer das Feuer aus allen Rohren ihrer Flugabwehrbewaffnung.

Die feurigen Lanzen zischten himmelwärts. Die Geschosse flogen gefährlich nahe an dem Schwimmerflugzeug vorbei und rissen Schmidt und Rahmen aus ihrem gedankenverlorenen Gespräch.

„Verfluchter Mist, was ist das denn!", platzte es aus Rahmen heraus.

„Unter uns sind zwei Schiffe! – Hab ich überhaupt nicht mitbekommen – verdammter Mist!", antwortete Schmidt fluchend.

Gleichzeitig riss er die Arado aus der Schusslinie heraus und zwang sie in eine möglichst enge Kehrtwende. Der strapazierte BMW 132 K brüllte auf.

Dennoch schlugen mehrere Geschosse scheppernd in die Arado ein. Rahmen erkannte beim Blick nach links hinten, dass die Feindgeschosse mehrere Löcher in die rechte Tragfläche gestanzt hatten.

Glücklicherweise gelang es Schmidt III, ihr getroffenes Flugzeug durch geschickte Ausweichmanöver in Sicherheit zu bringen.

Rahmen sah, wie noch einige Leuchtspurgarben hinter ihnen in die Höhe stiegen und dann schienen die beiden schwedischen Zerstörer das Feuer einzustellen.

„Das war aber knapp. Die verdammten Schweden meinten es aber auch gleich todernst! Waren wir überhaupt schon in deren Hoheitsgebiet?", meinte Rahmen und atmete dabei tief durch.

Schmidt antwortete nicht und überblickte besorgt die Instrumententafel.

Das wiederum machte den Leutnant skeptisch.

„Alles in Ordnung bei Ihnen dort vorn, Schmidtchen?"

„Es könnte sein, dass wir ein Problem bekommen, Herr Leutnant."

„Inwiefern?"

„Der Öldruck sackt zwar langsam, aber immer weiter ab! Anscheinend haben die Schweden den Motor oder den Öltank getroffen!"

„Verflucht noch mal!", schimpfte der Leutnant. „Schaffen wir es bis nach Nest?"

„Schwer zu sagen. Auf jeden Fall müssen wir es versuchen, sonst bekommen wir nasse Füße."

Nachdem sie eine halbe Stunde auf Heimatkurs geflogen waren, stellte sich jedoch heraus, dass die Arado es wohl nicht bis zum Seefliegerhorst schaffen würde.

Die Öltemperatur stieg mehr und mehr – der Motor wurde immer heißer.

„Lange wird es nicht mehr dauern, Herr Leutnant. Nur noch eine Frage von Minuten, dann sind die Kolben fest. Ich gehe schon mal weiter runter. Bis nach Hause schaffen wir es eh nicht mehr."

Leutnant Rahmen antwortete nicht, fluchte aber im Geiste vor sich hin. Eine Situation verschuldet durch Unaufmerksamkeit – dies konnte ihnen nun zum Verhängnis werden.

Nach ungefähr zehn Minuten war es soweit. Mit einem lauten Knall verabschiedete sich der brave 9-Zylinder Sternmotor und Schmidt ließ die nun antriebslose Arado möglichst sanft auf der Wasseroberfläche aufsetzen.

Schon wollten die beiden durchatmen, denn der Funkspruch mit der eigenen Position war schon lange raus und die Kameraden also im Bilde. Sie mussten nun nur noch im Innern der Arado auf Rettung warten, als sie feststellten, dass die Maschine tiefer sackte.

„Das kann doch nicht sein! Die Brüder haben uns anscheinend auch noch die Schwimmer zerschossen!", stellte Rahmen fest.

Den beiden deutschen Fliegern blieb nichts anderes übrig, als sich hinaus zu begeben.

Schnell angelten sie sich die Seenotausrüstung. Sie konnten mit bloßen Augen sehen, dass beide Schwimmer mehrfach durchschossen wurden.

Im aufblasbaren Boot sitzend, mussten sie zusehen, wie ihre treue Arado Ar 196 langsam, aber sicher in den kalten Fluten des Skagerrak versank.

*

Es herrschte stockfinstere Nacht. Mit weißem Schnauzbart vor dem Bug preschte die *Landgard* mit stolzen 22 Knoten durch die graublaue See. Diese Geschwindigkeit war für das betagte Schiff schon eine ordentliche Leistung.

Wieder einmal begleitete die *Landgard* zusammen mit zwei Torpedobooten drei eigene Handelsschiffe.

Auf dem Führungsschiff blitzte der Signalscheinwerfer auf.

„Das gilt uns!", vermutete Obermaat Horn.

Der Matrosengefreite Möller nickte.

Kurz danach gab die Brücke durch, dass das Schiff nun Steuerbord voraus Sicherung fahren sollte.

Die *Landgard* ließ ein Torpedoboot an sich vorbeilaufen, drehte nach Backbord ein und scherte wieder in die Sicherung ein. Sie hatte nun die Frachter etwas achterlicher als querab.

Mittlerweile zeigte die Borduhr an, dass es schon später Nachmittag war.

Immer noch war nichts passiert. Ruhig und gelassen marschierte das kleine Geleit auf dem vorgegebenen Kurs.

„Direkt unheimlich!"

„Fahrzeuge voraus!"

Schnell kam von den Torpedobooten Entwarnung – eigene Zerstörer.

Die Schiffe kamen gerade von einer eigenen Minenlegeunternehmung.

„Regen werden wir wohl kriegen", meinte Möller und steckte seine Nase in den Wind.

Er schob schon mal vorsorglich den Kragen hoch.

„Na, das kann uns doch eigentlich nur recht sein!", meinte Horn und sah ebenfalls, dass es im Nordwesten zusehends diesiger wurde.

Zudem brieste es stark auf. Die See wurde grober, rollte von achtern und gab den Schiffen somit noch ein, zwei Knoten drauf.

Wieder kam eine Meldung vom Führungsboot an die *Landgard*.

Horn und Möller spürten, dass das Schiff kurz darauf aus dem Verband ausscherte.

Horn schickte den Matrosen Weber, der heute als Bordübermittler fungierte, los, um in Erfahrung zu bringen, was sich geändert hatte.

Kurze Zeit später kam er wieder und meldete: „Wir sollen eine Besatzung einer Arado auflesen. Die armen Hunde mussten heute früh notwassern und schwimmen seither im Teich. Wir sind diejenigen, die ihnen nach letztem Stand am nächsten sind."

Die *Landgard* stampfte daraufhin weiter mit Höchstfahrt auf die durchgegebenen Koordinaten zu. Jeder der Seeleute konnte sich vorstellen, was die beiden deutschen Flieger durchstehen mussten – stundenlang im eisigkalten Wasser des Skagerraks.

Durch die Kursänderung ergab es sich glücklicherweise, dass sie der aufkommenden Schlechtwetterfront wegliefen.

Nach mehreren Stunden waren sie in der Nähe der genannten Koordinaten.

Schon lange wurden die Scheinwerfer aufgeblitzt. Die Lichtkegel suchten wie blasse Finger die schwarzgraue Wasseroberfläche ab.

Viele Augenpaare starrten in die Nacht. Die *Landgard* durchfuhr mit kleiner Fahrt die See.

Jeder hatte Augen und Ohren offen.

Nach einer weiteren Stunde konnten sie endlich etwas sehen.

Zwei Bündel Menschen schwammen in der grauen Brühe, vollkommen erschöpft, zu keiner Regung mehr fähig. Sie waren aneinander geklammert. Als man ihnen einen an Tauen befestigten Rettungsring zuwarf, versuchte einer der Männer danach zu greifen, doch er war zu entkräftet, um ihn zu halten – der Ring rutschte ihm wieder durch die Hände.

Kurz entschlossen wurde der Motorkutter fertig gemacht und Leutnant zur See Brandt machte sich zusammen mit Obermaat Horn und dem Matrosengefreiten Möller auf den Weg zu den beiden Unglücklichen.

Der Weg war nicht weit und nun gelang es Horn und Möller, die beiden Flieger einzeln über die relativ flache Bordwand zu ziehen. Schnell wurden die Männer in dicke Wolldecken gewickelt, doch für einen der beiden schien es nicht gut zu stehen.

Als der Motorkutter wieder auf der *Landgard* war, wurden die Flieger schnellstens unter Deck geschafft.

Flinke Hände schälten sie aus den nassen Klamotten. Es wurde alles unternommen, um die Flieger aufzuwärmen. Doch für einen kam jede Hilfe zu spät.

Der Zweite versuchte etwas zu sagen, doch vor Erschöpfung drang kein Wort aus seinem Mund.

„Schon gut, Herr Leutnant, wir bringen Sie jetzt schnellstens Heim!"

Ende

# Ihre Zufriedenheit ist unser Ziel!

Liebe Leser, liebe Leserinnen,

hat Ihnen unser Buch gefallen? Haben Sie Anmerkungen für uns? Kritik? Bitte zögern Sie nicht, uns zu schreiben. Wir werden jede Nachricht persönlich lesen und beantworten.

Schreiben Sie uns: info@ek2-publishing.com

Wussten Sie schon, dass Sie uns dabei unterstützen können, deutsche Militärliteratur sichtbarer zu machen? Bitte nehmen Sie sich einen Moment Zeit und bewerten Sie dieses Buch online. Viele positive Rezensionen führen dazu, dass das Buch mehr Menschen angezeigt wird.

Sie können somit mit wenigen Minuten Zeitaufwand unserem kleinen Familienunternehmen einen großen Gefallen tun. Vielen Dank für Ihre Unterstützung!

PS: In seltenen Fällen kommt ein Buch beschädigt beim Kunden an. Bitte zögern Sie in diesem Fall nicht, uns zu kontaktieren. Selbstverständlich ersetzen wir Ihnen das Buch kostenlos.

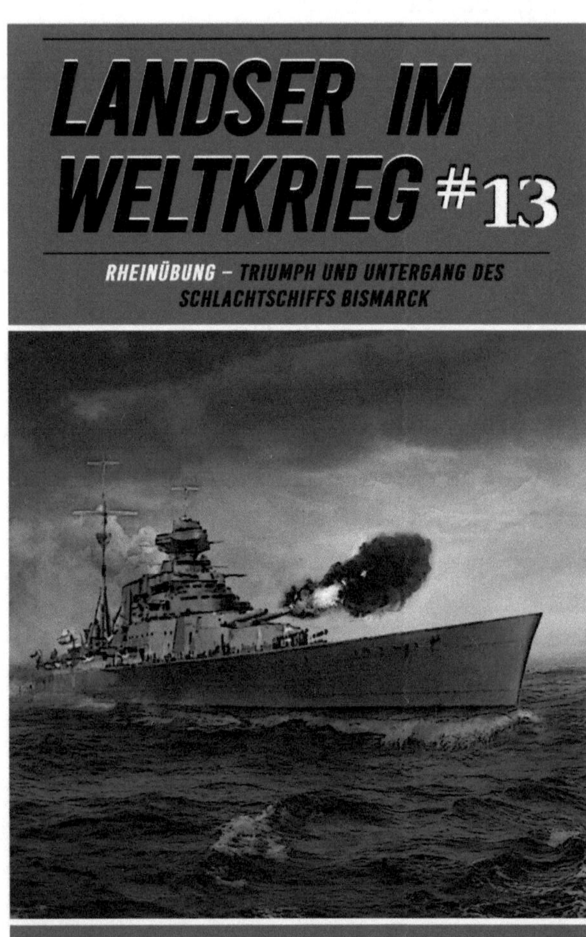


Landser im Weltkrieg – „**Rheinübung**" erscheint im Monat April als E-Book und Taschenbuch überall, wo es Bücher gibt!

Am nächsten Morgen durchschnitt Motorenlärm die Stille über dem Ozean als ein britisches Flugboot über Island in die Luft stieg. Die Maschine, von morgendlichem Licht umhüllt, machte sich auf die Suche nach dem verborgenen Schlachtschiff. Der Motor brummte monoton, während das Flugboot den Himmel durchquerte und die endlose Weite des Ozeans nach Anzeichen der Deutschen absuchte.

Der windgepeitschte Himmel erstreckte sich endlos über dem Nordatlantik, als das Flugboot durch die grauen Wolken schnitt. Der monotone Klang der Motoren drang durch die Kabine, während der erfahrene Pilot, Kapitän Edward Hall, die Maschine auf Kurs hielt. An seiner Seite saß der junge Navigator, Lieutenant Richard Foster, dessen Augen fieberhaft über die See-Karten huschten.

Ihr Auftrag war klar: Sie waren auf der Suche nach der *Bismarck*, die nun wieder irgendwo in den undurchdringlichen Gewässern versteckt war. Die Geheimdienstinformationen waren spärlich, und die einzige Gewissheit bestand darin, dass sich der Feind in dieser endlosen Weite versteckte.

Das Flugboot durchquerte eine eintönige Wolkenlandschaft, in der sich der Horizont mit den grauen Wolken zu vermischen schien. Die Sicht war begrenzt, und die beiden Männer in der Kabine waren auf ihre Instrumente und ihr Gespür für die Navigation angewiesen. Keine leichte Aufgabe. Ein Orientierungsfehler konnte schnell im Verbrauch sämtlichen Treibstoffs und damit in einer Notwasserung enden.

"

# KEINE NEUERSCHEINUNG VERPASSEN UND GRATIS E-BOOK SICHERN!

Tragen Sie sich in den Newsletter von EK-2 Militär ein, um über aktuelle Angebote und Neuerscheinungen informiert zu werden und an exklusiven Leser-Aktionen teilzunehmen.

Als besonderes Dankeschön erhalten Sie <u>kostenlos</u> das E-Book »Die Weltenkrieg Saga« von Tom Zola. Enthalten sind alle drei Teile der Trilogie.

**Link zum Newsletter:**
https://ek2-publishing.aweb.page

**Über unsere Homepage:**
www.ek2-publishing.com

# LANDSER IM WELTKRIEG
## KAUFEN!

**Direkt zur Serie:**

Eine Veröffentlichung der EK-2 Publishing GmbH

Friedensstraße 12
47228 Duisburg
Registergericht: Duisburg
Handelsregisternummer: HRB 30321
Geschäftsführerin: Monika Münstermann

E-Mail: info@ek2-publishing.com
Homepage: www.ek2-publishing.com



Cover/Umschlag: Kayla Pelgrim
Autor: Hermann Weinhauer
Lektorat: Martina Wehr
Buchsatz: Heiko Piller

1. Auflage März 2024

Druckhinweis:

Libri Plureos GmbH

Friedensallee 273

22763 Hamburg